図解

それでも、日本経済が世界最強という真実

三橋貴明 Mitsuhashi Takaaki

WAC

それでも、日本経済が世界最強という真実

contents

第1章 莫大な借金があっても破綻しない これだけの理由

第2章 日本はまだまだ経済成長できる これだけの理由

第3章 日本は世界がうらやむ最強の国である

これだけの理由

第1章

「莫大な借金があっても破綻しない」これだけの理由

01 日本は世界一のお金持ちである

「国の借金」≠「政府の借金」

「日本は財政破綻《はたん》する」と大騒ぎしている人たちが「破綻」の根拠にしているのは、何よりも日本政府の債務残高約一〇〇〇兆円という数字です。「わが国はこんなに天文学的な額の借金を抱えているんだから、破綻しないはずがない」というわけです。

「国の借金」などと言われれば、ほとんどの人は「そんなに外国からお金を借りているんだ」という印象を受け、返済のことを考えて暗澹《あんたん》たる気持ちになってしまうのも無理はないかもしれません。これまでのマスコミ報道などは、そうした勘違いをさせるために、わざと「国の借金」という言葉を使っているような節さえ見受けられます。センセーショナルなニュースのほうが「ウケる」と思っているのでしょう。

しかし正確には、これは「国の借金」ではありません。あくまで日本政府の負債であって、日本国の借金ではないのです。

とはいえ、確かに日本が海外から借りている「借金」というのも、これとは別に存在しています。海外からお金を借りている「対外負債」の額は、およそ三四二兆円に達しています。

それだけでも十分に巨額ですから、「何だ、やっぱりヤバイじゃないか」などと思ってしまう人がいるかもしれませんが、しかし日本は同時に、五八二兆円もの「対外資産」を持っています。海外に貸し付けている金額が、借りている金額をはるかに上回っているのです。その差額は約二四〇兆円にもなります。

つまり、日本という国は海外諸国に対して二四〇兆円の「対外純資産（資産—負債）」を持っている状況にある、ということです。そして、これだけの対外純資産を持っている国は、世界中どこを探しても見当たりません。

お金持ちかどうかは「純資産」で決まる

お金持ちかどうかは、資産の額だけではわかりませんし、借金の額だけでも判断できません。たとえ一〇億円の借金を抱えていても、二〇億円の資産があれば誰もが「お金持ち」と判断するでしょうが、同じ二〇億円の資産が

日本の対外資産・対外負債（2011年9月末時点速報値）

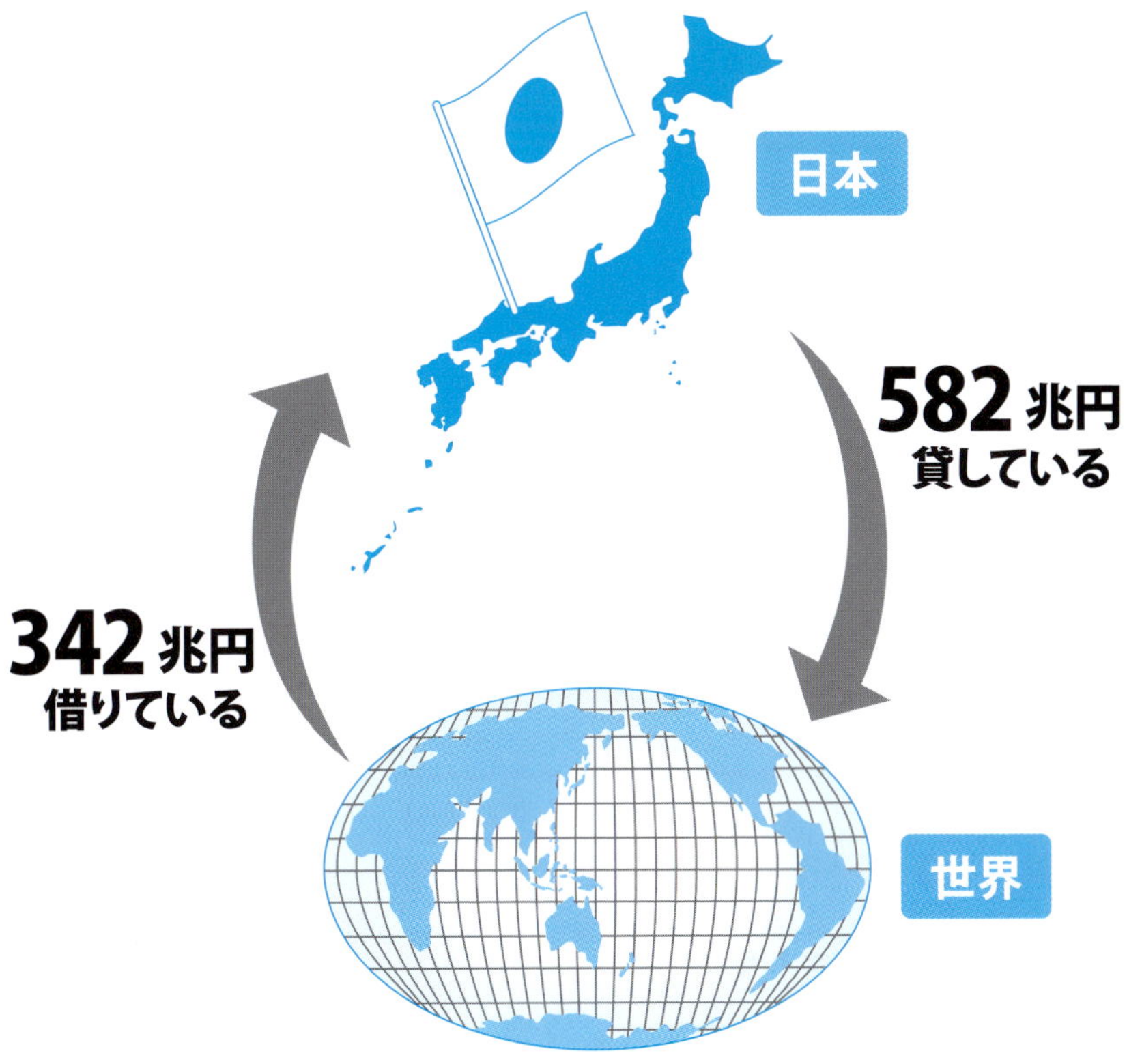

あって借金が三〇億円ならば「大丈夫か？」ということになってしまうはずです。

要するに、お金持ちかどうかの判断は「純資産」の大小で決まるわけです。

日本の純資産は世界最大です。すなわち、少なくとも国家で見た場合には、わが国日本は世界最大のお金持ち国家ということになります。マスコミが言うような「借金大国」などでは決してないのです。

世界一のお金持ちの国なのですから、言い換えれば、日本は世界で最も「財政破綻」から遠い国でなければならないはずです。

「国」とは、政府と民間の集合体のことを指しています。国の一部に過ぎない政府の債務だけを問題にして「日本は莫大《ばくだい》な借金で破綻する」と心配するのは、あまりにもピントがずれた勘違いと言ってよいでしょう。

02 政府にお金を貸しているのは日本国民

日本とギリシャの大きな違い

では、海外からお金を借りているのでなければ、政府は誰から借りているのでしょうか。

その答えは、他の誰でもない私たち日本国民です。「オレは貸した覚えはないぞ」などと言わず、左の円グラフを見てください。

これは発行済み日本国債の保有者の内訳です。これを見ると、約四割が民間銀行、生命保険や損害保険などの保険会社が約二割、その他に国民年金や厚生年金などの社会保障基金、日本銀行、年金基金などとなっています。

これらの金融機関が国債を購入しているお金は何かと言えば、私たち国民が預けている預金や保険料です。要するに銀行や保険会社が、預かった私たち日本国民のお金を、国債という形で運用しているわけです。私たちが直接、政府に貸しているわけではなくても、間接的に私たちのお金が政府に借りられているのです。

ただし、海外から借りているお金もわずかですが、あるにはあります。しかし、海外向け国債の割合は見ての通り、五パーセント未満でしかありません。マスコミ報道などによって、国民の多くが何となく「こんなにも外国からお金を借りている」と思い込んでしまった借金ですが、よくよく見てみれば、「外国からお金を借りている」割合は、たったこれだけでしかないのです。

ギリシャが財政危機に陥《おちい》ってしまったのは、主に膨大な海外向け国債が原因でした。外国人の債権者の割合は、実に七割を占めていました。利払いの大半が外国人に支払われるわけですから、どんどんお金が海外に流れ出してしまうことになり、これでは、財政が持ちこたえるのは困難です。

マスメディアの歪んだ情報操作

一方で日本の場合、すでに述べたように海外向けはわずかに五パーセント未満。つまり政府の借金の九五パーセントは、日本国民が貸しているので、支払いのほとんどは国内に住む私たち日本国民の元にやってくることになります。

日本国債保有者別内訳（2010年末時点）
（総額 約727兆円）

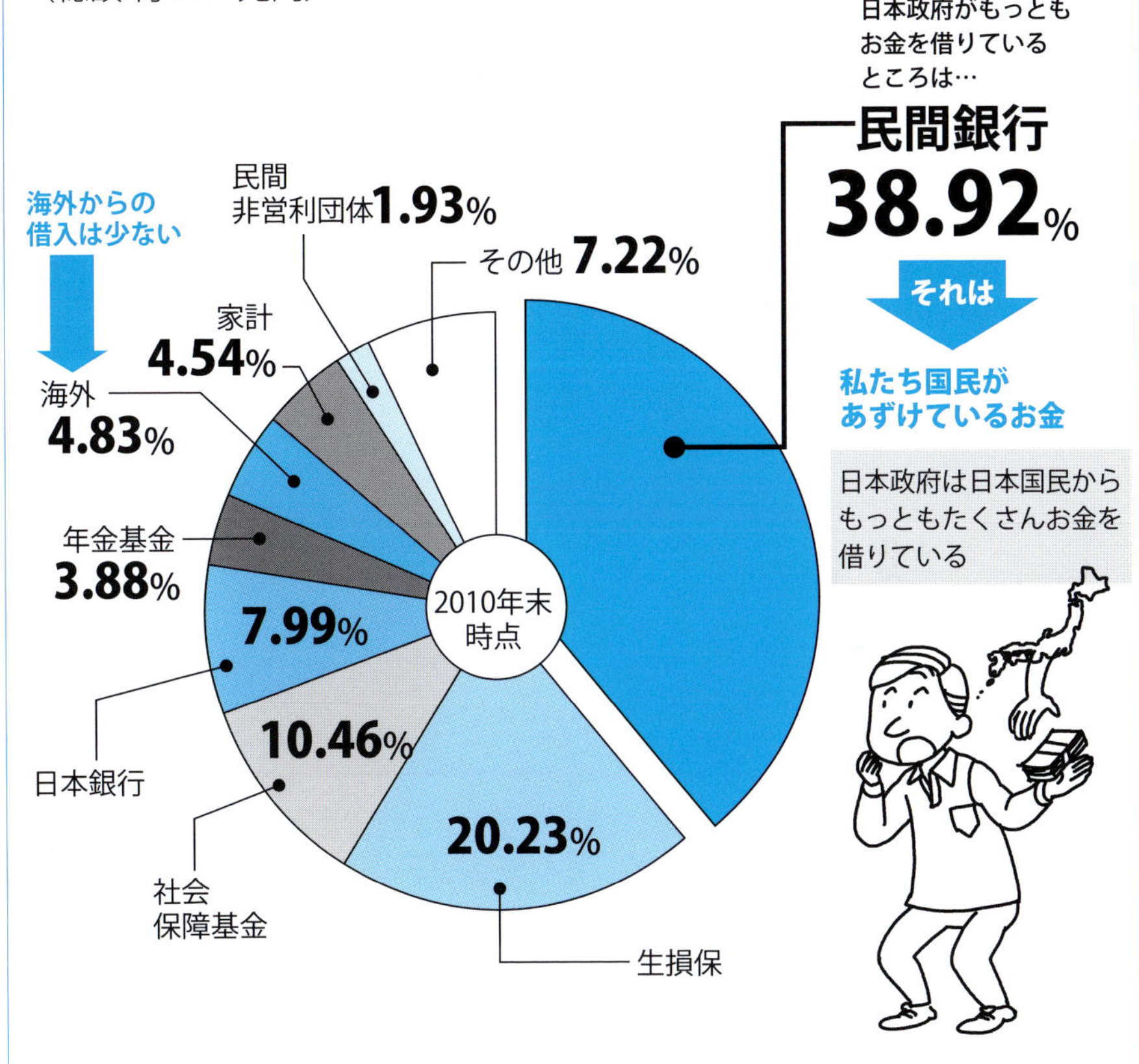

出典：日本銀行「資金循環統計」

　つまり、政府がどんなにお金を借りようとも、日本の国の中でお金が移動しているだけで、海外に流れ出してしまうわけではないのです。一〇〇〇兆円の借金を返済したら当然、手元から一〇〇〇兆円のお金が消えてなくなる、と考えてしまいがちですが、政府が莫大な借金をしているからと言って、この日本からお金が出ていく心配はまったくありません。

　ところが新聞やテレビなどは、「国民一人あたり〇〇〇万円の借金」という表現を好んで使っています。貸し手の私たちがなぜ、まるで借金を背負ったかのような扱いをされなければならないのでしょうか。このような表現が流布《るふ》することによって、「政府の借金」の意味を誤解する人たちがさらに増えてしまうのは、本当に残念でなりません。事実をよく知れば、歪《ゆが》んだ情報操作とも言える「一人あたり〇〇〇万円」という言い回しがどれだけ違和感のあるものか理解できるはずです。

03 日本の政府は負債も巨額だが資産も巨額

誰かの負債は誰かの資産

先に述べた通り、日本が国家として世界一のお金持ちであることは、厳然として動かしようのない事実です。そんな金持ち国家の政府が、なぜ莫大な借金を背負う必要があるのか。

それにはもちろん、はっきりとした理由があります。順を追って説明していきますが、お金に困っている人が生きていくために仕方なく借金を重ねるのと、政府が借金を続けるのとは、まったく意味合いが違うのです。

その証拠に、日本政府は負債だけでなく、資産もびっくりするくらい持っています。

左の表は日本国家のバランスシートです。財務諸表の中でも最も基本的な「貸借対照表《たいしゃくたいしょうひょう》」と呼ばれるもので、左側に資産、右側に負債が記載され、資産から負債を引いた「純資産」が右下に記載されています。左と右の合計額は必ず一致します。

非常に基本的なことなのでしっかり理解しておいてほしいのですが、「負債」と「資産」は常に同じ額だけ生じるようになっています。

たとえばAさんがBさんに一〇万円を貸したとすると、借金したBさんには一〇万円の「負債」が生じ、同時にAさんは一〇万円の貸付金という「資産」を持つことになります。誰かの「負債」は、必ず他の誰かにとっての「資産」になるわけです。

もし日本が鎖国していて、その中で無数の貸し借りが行われ、巨額の「負債」が生まれたとしても、同時に同じ巨額の「資産」が生まれているはずです。そして日本国内のすべてのバランスシートを総計すれば、必ずプラスマイナスゼロになるはずなのです。

現実の日本は鎖国しているわけではありませんので、「負債」と「資産」に差額が生じ、それが右下の「純資産」ということになります。つまり海外との貸し借りによる「対外純資産」です。これがすでに説明した「日本国家が持つ世界一の純資産」にあたります。

日本政府の資産は約四七〇兆円

さて、あらためてバランスシートに記載された数字をじっくり見てく

日本国家のバランスシート

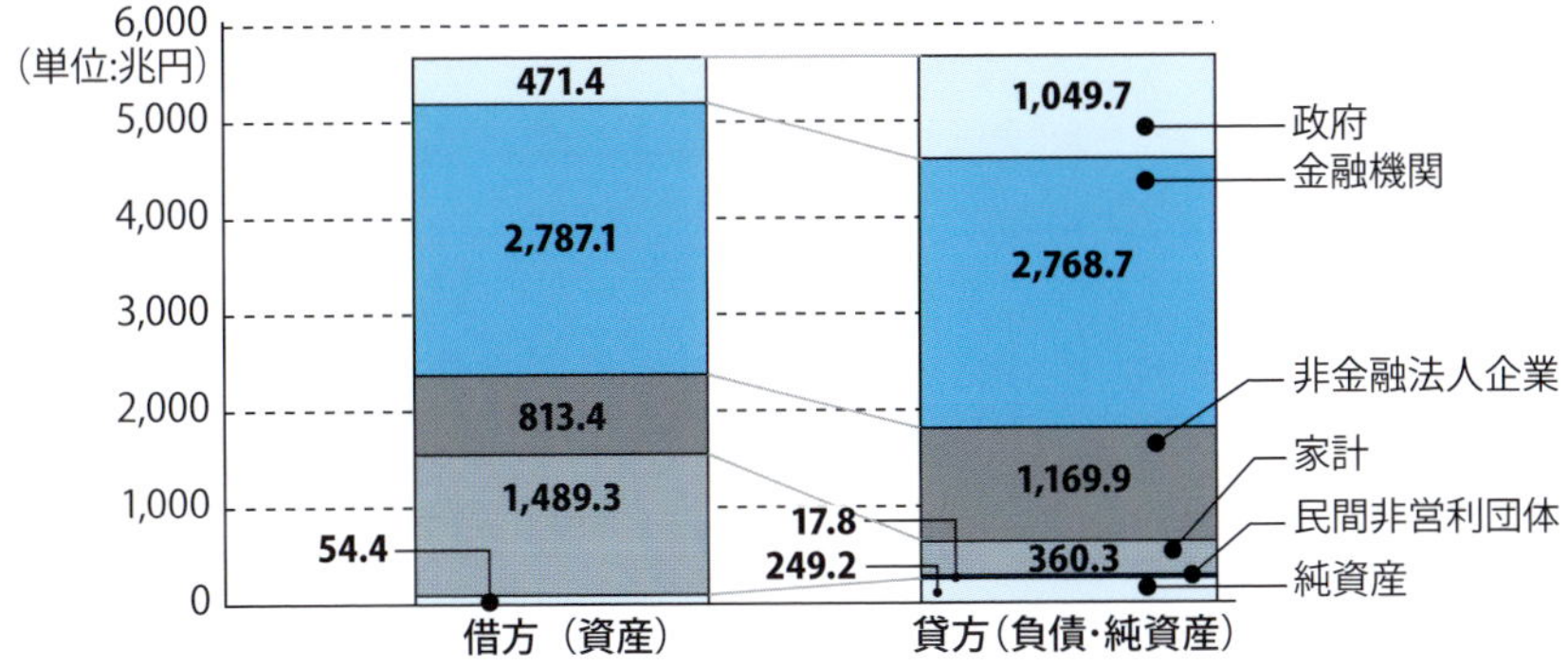

資産		負債	
政府の資産	471.4	政府の負債	1,049.7
金融機関の資産	2,781.1	金融機関の負債	2,768.7
非金融法人企業の資産	813.4	非金融法人企業の負債	1,169.9
家計の資産	1,489.3	家計の負債	360.3
民間非営利団体の資産	54.4	民間非営利団体の負債	17.8
		負債合計	**5,366.4**
		純資産	
		政府の純資産	-578.3
		金融機関の純資産	18.4
		非金融法人企業の純資産	-356.5
		家計の純資産	1,129
		民間非営利団体の純資産	36.6
		純資産合計	249.2
資産合計	**5,615.6**	**負債・純資産合計**	**5,615.6**

2010年12月末（速報値）（単位：兆円）

対外資産	562.2
対外負債	303.9
対外純資産	258.3

出典：日本銀行「資金循環統計」

ださい。政府や金融機関、企業などすべてを合計した日本の「負債」は、五三六〇兆円にも達しています。この金額だけ見たら、日本がとっくに破綻していても不思議はなさそうです。

しかしそうならないのは、同時にほぼ同じだけの「資産」があるからです。一番上の「政府の負債」が問題となっている「とんでもない借金」の正体ですが、となりに記載されている通り、同時に「政府の資産」も四七〇兆円あるのです。しかもこれは金融資産のみであり、政府が所有する不動産などの有形固定資産は含まれていません。

アメリカ政府の資産ですら約二五〇兆円です。GDP規模でアメリカの三分の一しかない日本が、その約二倍の資産を持っているのですから、尋常《じんじょう》ではない資産家ぶりです。

バランスシートを見れば、「一〇〇〇兆円の借金」が大騒ぎするほどのものではないことがよくわかります。

04 本当は世界に援助できるほどお金があり余っている

外貨準備高の使い道

借金の額が莫大だから「日本が破綻する」という話にならないことは、これで少しは理解できたかと思います。それどころか日本は世界最大のお金持ち国家である事実もしっかり把握できたでしょう。そのことを裏付ける証左《しょうさ》として、「外貨準備高」というものにも少し触れておきたいと思います。

「外貨準備高」は日本が海外に保有する「対外資産」のうち政府が保有している分を指して呼ぶものです。

各国の政府は、民間対外資産を買い取って外貨準備高を増やしますが、これは為替介入によって自国通貨を安く抑える目的で行われるものです。

もし自国通貨が暴落し、通貨危機になった場合には、蓄えた外貨を取り崩すことで自国通貨を支えることができます。しかし、あくまで外貨ですので、国内の経済活性化に役立てることはできず、せいぜいアメリカ国債などの保有でわずかな利払いを得るだけで、為替介入以外にはほとんど使い道がありません。ですから、日本の外貨準備高は円にして九〇兆円ほどですが、額が多ければいいということではなく、これを持ってただちに「日本はお金持ち」の根拠にしたいわけではありません。実際、これ以上増やしても意味がないので、ここしばらく日本の外貨準備高はほとんど増えていません。

「中国の外貨準備高は世界一」ということをもって「中国は世界一のお金持ち」とでも言わんばかりの報道が目立ちますが、これも的外《まとはず》れな見方で、ただ中国政府が熱心に民間の対外資産を買い取り、人民元を支えようとしていることの裏返しにすぎません。現実には、民間保有分も含めれば、日本の対外資産のほうがはるかに多く、中国とは倍の開きがあるのです。

「人類史上最大の融資」

ここで話は変わりますが、二〇〇九年二月、金融不安が世界に広がる中、ローマで開かれた主要七か国財務相・中央銀行総裁会議（G7）において、日本はIMF（国際通貨基金）に最大一〇〇〇億ドルの融資枠を提供することを決めました。IMFのストロス・

最新年の日中の対外資産・負債・外貨準備高

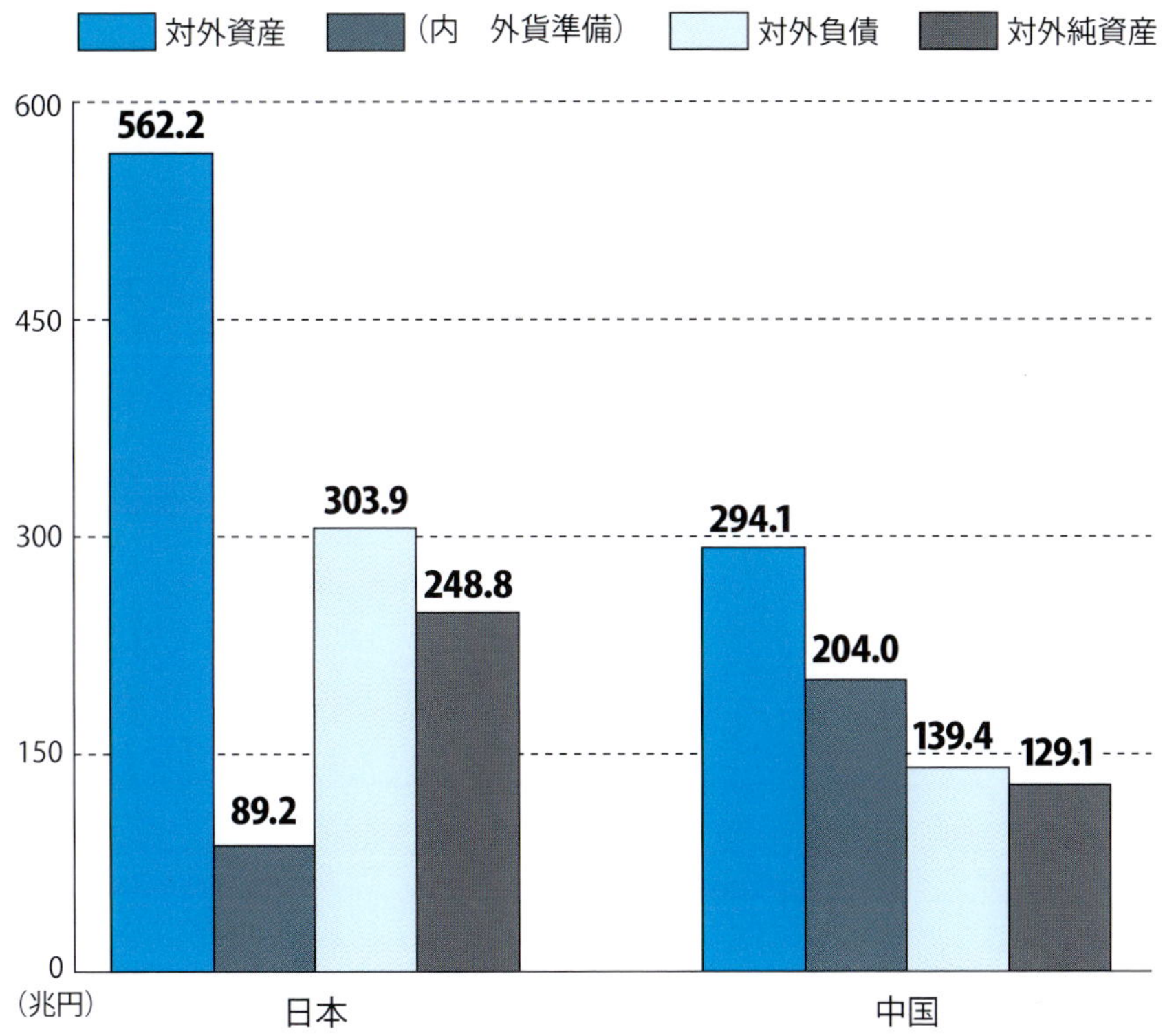

出典：日本銀行　中国国家統計局

カーン専務理事はこれを「人類史上最大の融資貢献である」と絶賛し、世界各国が日本に対して謝意を表明しました。

このときに用意した一〇〇〇億ドルの融資枠が、政府の外貨準備から出されたものなのです。

通貨危機の心配がない日本にとっては無駄に眠らせておくしかない「余り金」が、「人類史上最大の融資」として活用され、世界中から絶賛されたのです。

こんなことが、「破綻寸前」の国家にできるでしょうか？　いや、こんなことができるのは、世界広しと言えども日本だけです。

日本国内では、故・中川昭一元財務金融相の「朦朧《もうろう》会見」の話題ばかりで、この素晴らしいソリューションに触れるメディアが少なかったのは残念でなりませんが、この一件を知るだけでも、お金持ち国家日本の「余裕」が感じられるのではないでしょうか。

05 政府の借金は世界と比較してもそれほど増えていない

借金をコツコツ返している国はない

政府の負債が、一〇〇〇兆円という絶対額で感じてしまうような深刻なものではない、ということが明らかになっても、破綻論を声高《こわだか》に叫ぶ人たちは決してあきらめようとしません。

「こんなにハイペースで借金を増やし続けていったら、いずれ破綻する」

そして「そのXデーが来るのは〇年後」などと根拠のかけらもない「予言」をする始末。

残念ですが、借金が増えるスピードについても、別に日本だけが突出しているわけではありません。というより、そもそも政府の借金というのは増え続けるのが「当たり前」なのです。左のグラフをよく見てください。

これは先進七か国、いわゆるＧ７諸国における政府の公的債務残高の伸びを比較したものです。一九八〇年以降、長期的に借金が増え続けていない国など一つもないことがひと目でわかります。フランス、イタリアなどはすでに一九八〇年時点の一四倍を超えてしまっています。Ｇ７以外も含めれば、それ以上のペースで借金を増やし続けている国はいくつもあり、フランス、イタリア両国でさえ決して速いと言えないのが現実です。

はっきり言ってしまえば、自国の政府の借金をコツコツ返済している国など、この世界に一つもありません。たとえば九〇年代のアメリカやイギリスのように、一時的に「政府の借金が減ってしまった」国こそあるものの、意思を持って減らした国はないのです。

イギリスはその後、日本を上回るペースで増加に転じていますし、アメリカはリーマン・ショック以降、景気対策のために凄《すさ》まじいペースで財政支出を増やしています。

それが世界の「常識」だというのに、なぜか日本では、「孫子《まごこ》の代に借金を残してはならじ」とばかりに増税して返済しようとしているのですから、実におかしな話です。

政府の「正しい借金の減らし方」とは？

そんなバカなまねをしなくても、経済成長すれば済むことです。政府が借金を増やして、そのお金で景気対策を

郵便はがき

料金受取人払郵便

麹町支店
承認

2154

差出有効期間
平成26年1月
19日まで

102-8790

212

東京都千代田区五番町4－5
五番町コスモビル
ワック株式会社
出版局 行

小社の書籍を直接ご自宅にお届けします。

本代+何冊でも着払い手数料200円のみで、宅急便の代金引換払いでお届けします。下の欄に記入してお送り下さい。
また、お電話でのご注文も承っております。

お名前《フリガナ》	年令　　才
ご住所　〒	
TEL　(　　)　　FAX　(　　)	

書名	定価	冊数

ワック株式会社 出版局　http://web-wac.co.jp/
〒102-0076　東京都千代田区五番町 4-5　五番町コスモビル
TEL 03-5226-7622　FAX 03-5275-5879

先進主要国の政府負債残高増加率（1980年=100）

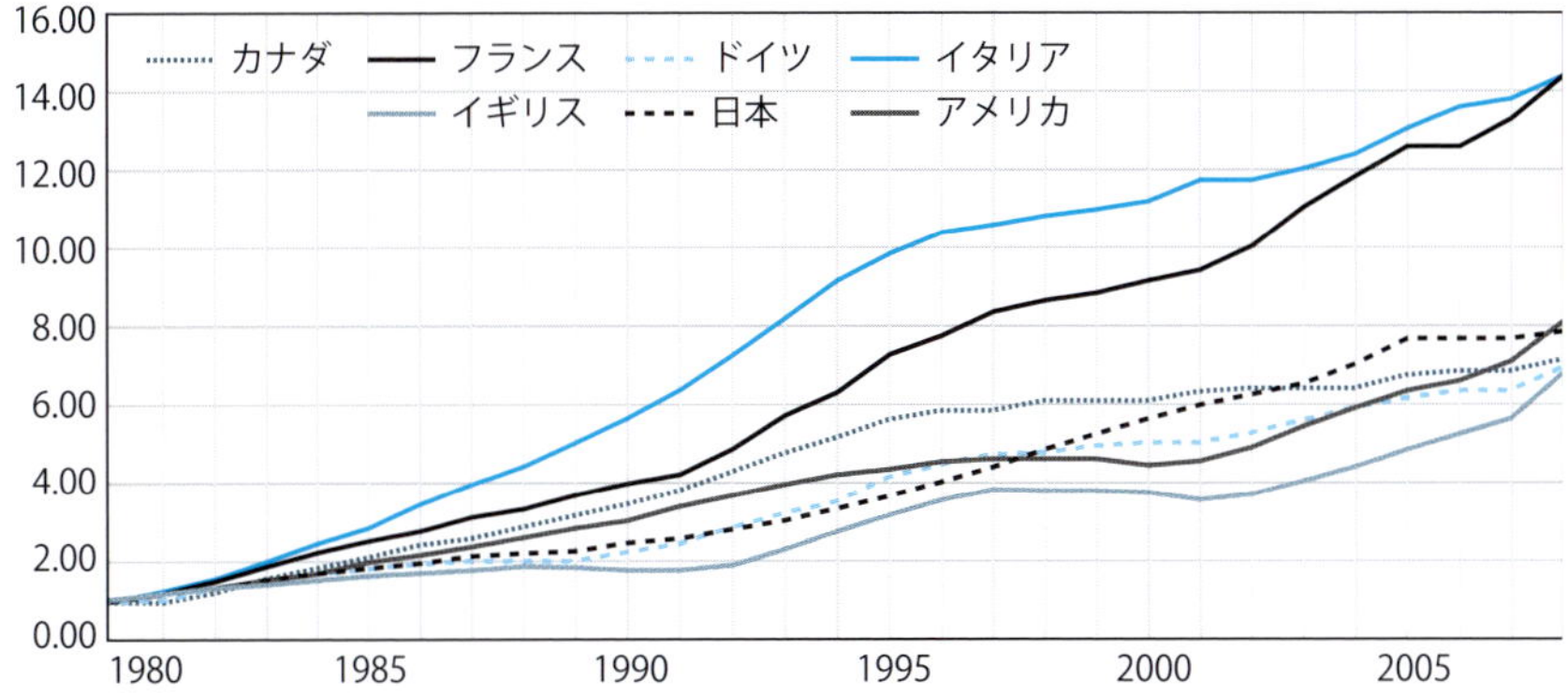

主要国の政府負債残高の推移（2000年=1）

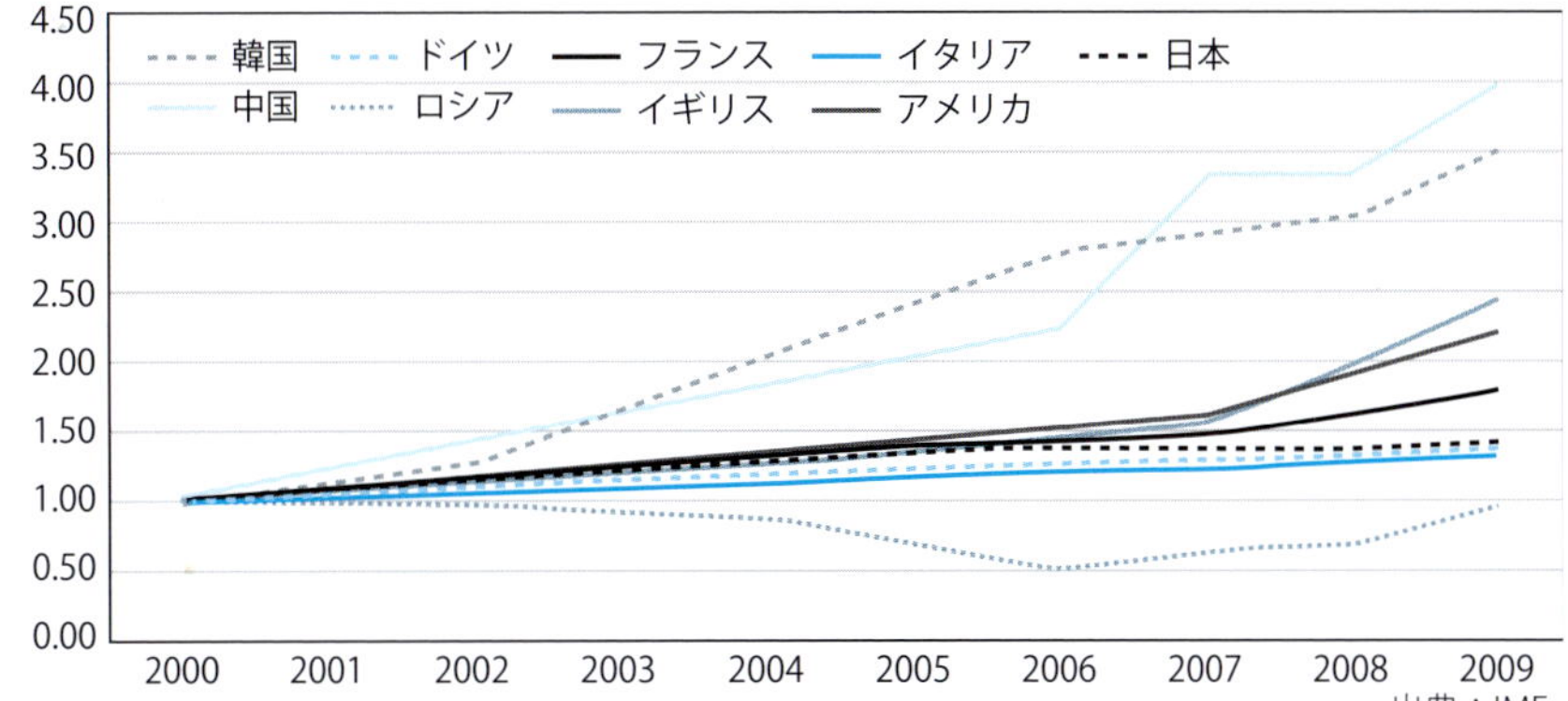

出典：IMF

し、経済成長するとともにインフレに向かえば、借金は経済規模と比べて徐々《じょじょ》に薄まっていくことになります。

もし仮にインフレで物価が一〇倍になれば、一万円の実質的な価値は一〇〇〇円になります。一万円の借金があった場合、どんなにインフレが進んでも借金の額は同じ一万円ですから、実質的には一〇〇〇円の負担でいいわけです。一〇〇〇兆円の借金なら、たったの一〇〇兆円ということになる。

急激なインフレは困りますが、経済成長とともにゆるやかなインフレが続けば、将来的にはそういうことになります。政府の負債は、本来そうやって薄まっていくべきもの。それが政府の「正しい借金の減らし方」なのです。

借金を減らしたいなら、むしろ、どんどんお金を使って経済成長を促したほうがはるかに効率がよいのです。だからこそ、あらゆる国の政府の負債残高は増え続けているわけです。

06 負債残高がGDPの二倍に達してもまったく問題はない

名目GDPと実質GDP

破綻論者が「負債残高一〇〇〇兆円」とともによく口にする数字に「対名目GDP比二〇〇パーセント」というものがあります。

ちなみに、GDPには「名目GDP」と「実質GDP」の二つがあります。「名目GDP」はGDPを金額そのもので集計した指標であり、「物価変動」の影響を控除し、国民生活が実質的にどれくらい豊かになったかを測るために導き出したのが「実質GDP」です。物価がどれだけ変動しても借金そのものの額は変わりませんので、負債残高と比較する場合には「名目GDP」を使うわけです。

一〇〇〇万円の借金があったとしても、年収五〇〇万円の人と年収二〇〇〇万円の人では、深刻さの度合いがまるで違います。同じように政府の借金についても「国民総生産（GDP）に対してどれくらいの額か」が問題になってくるわけですが、日本は二〇〇パーセント、つまり二倍ですから、「年収五〇〇万円なのに一〇〇〇万円の借金を抱えている人」の深刻さと同じレベル、ということになってしまいます。

そのように考えていくと、なるほど確かに「とてもじゃないが返済できない、破綻だ」と言いたくなる気持ちもわからないではありません。実際に他の主要国と比較しても、二〇〇パーセントという数字は突出しています。

しかし、先ほど見ていったように、日本の負債増加のペースはそれほど速いわけではなく、にもかかわらず日本だけ「負債対名目GDP比率」がどんどん大きくなっているのは、何か不自然なように感じないでしょうか。

名目GDPの横ばいが問題

その理由ははっきりしています。要するに、日本は分母である「名目GDP」がまったく増えていないからです。

ここ一〇年、日本の「名目GDP」は延々《えんえん》横ばいを続けており、主要国の中では断トツの低さです。

つまり「日本政府の財政が悪化しているように見えるのは、政府の負債が増えているためではなく、名目GDP

主要国政府の負債対名目GDP比率の推移（単位%）

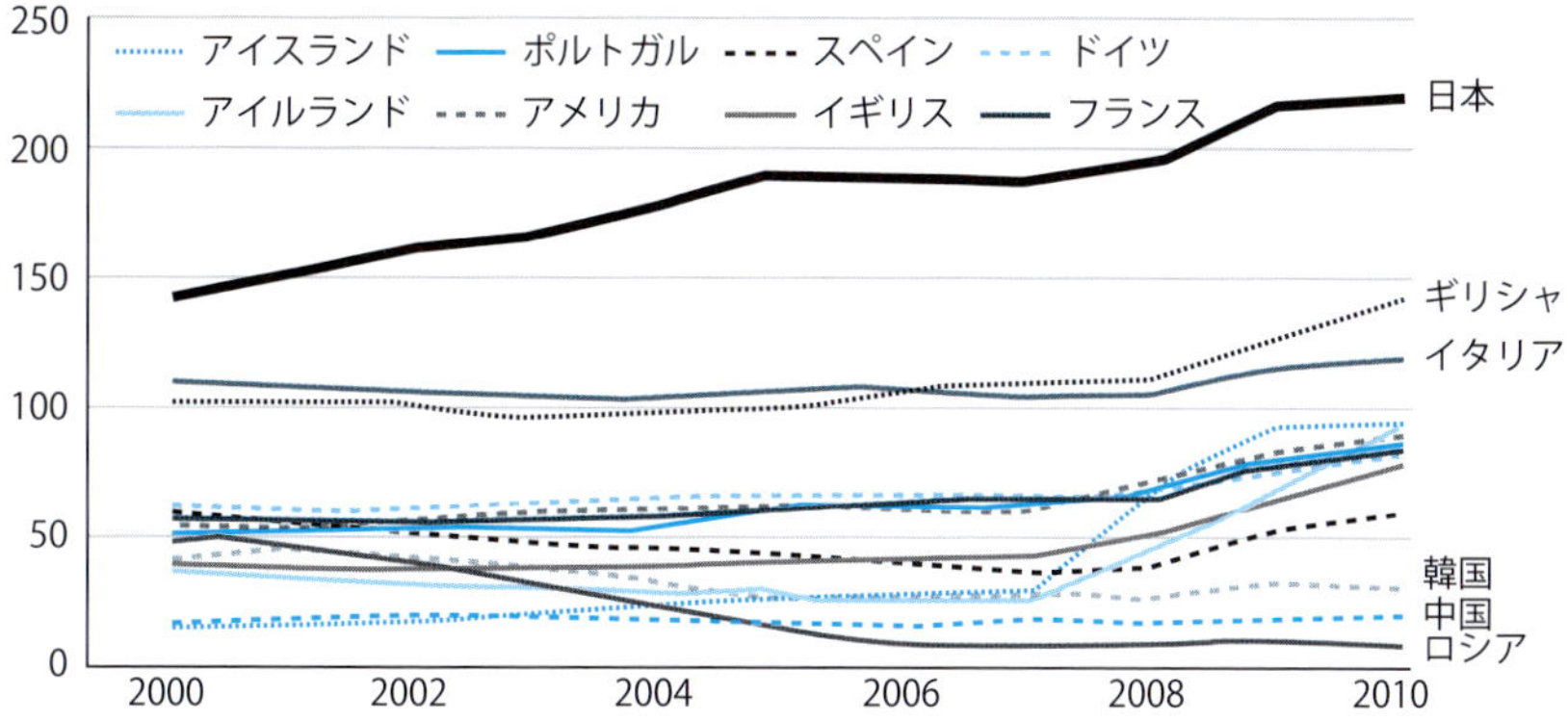

主要国の名目GDPの推移（2000年＝1）

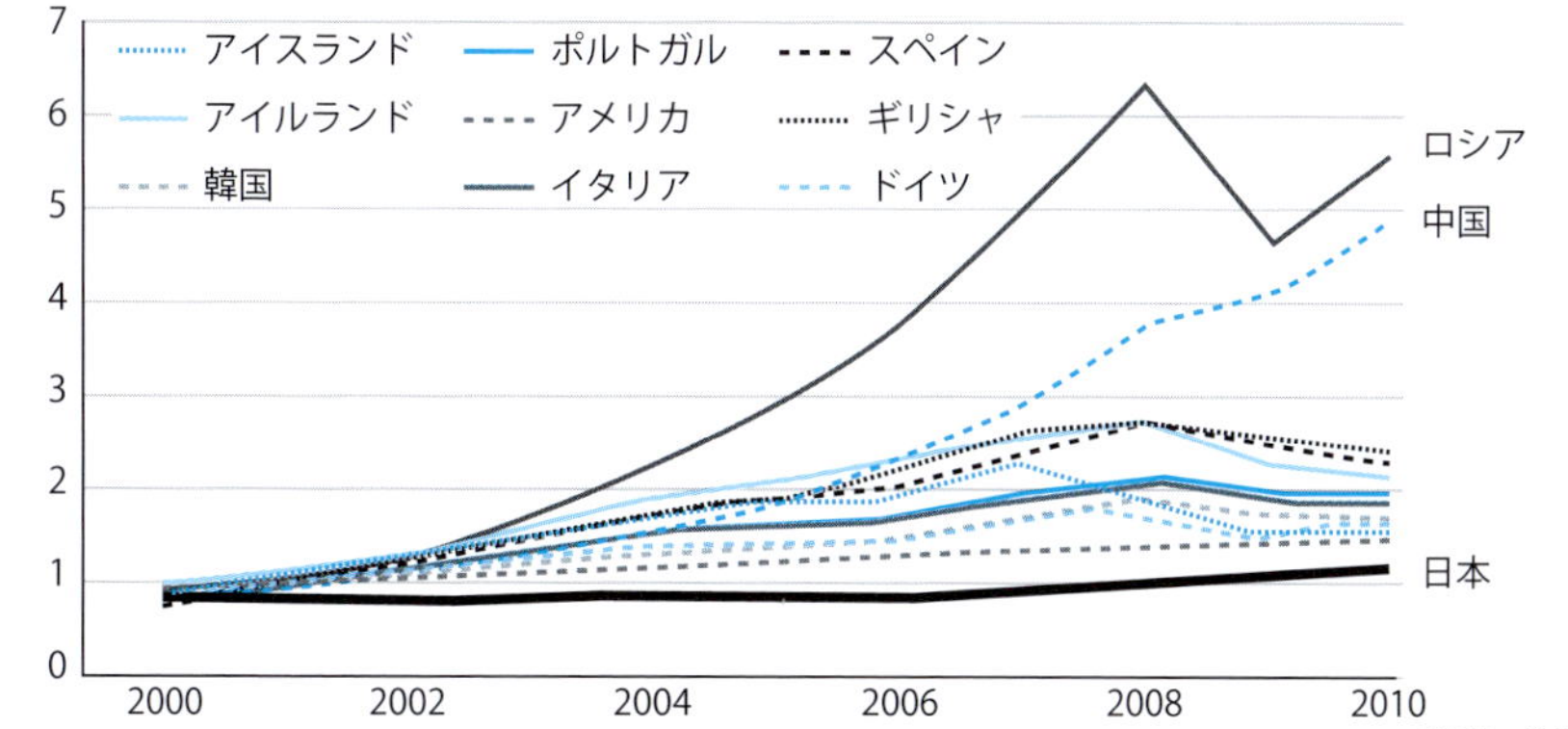

出典：IMF

が成長していないため」と言うことができるのです。

たとえば中国政府は、猛烈な勢いで負債残高を増やしていますが、同時に急激な経済成長を遂《と》げているので、「負債対名目GDP比率」のグラフで見れば低水準で横ばいを続けています。

同じように日本も経済成長すれば、「GDPの二倍！」と絶叫《ぜっきょう》したくなる借金も、自然に負担が減っていくことになる。前項で説明した「政府の正しい借金の減らし方」です。

かつてイギリスは、ナポレオン戦争時に対GDP比二八〇パーセントもの借金をして国家存亡の戦争に臨《のぞ》みました。しかしイギリスは破綻などしていません。破綻どころか、およそ四〇年後には一五〇パーセント程度まで借金を縮小させました。もちろん、経済成長したからです。

日本の「二〇〇パーセント」という数字も、破綻の根拠になるわけでは決してありません。

07 日本は家計の金融資産も世界一

巨大な潜在的購買力

日本国債の九五パーセントが国内、元を辿《たど》れば私たち国民のお金で消化されているわけですから、日本国民も当然、お金持ちです。しかも、にわかに信じられないような、常識はずれの超リッチな国民なのです。

日本の家計の金融資産は一四〇〇兆円を超えており、そのうち現預金は、なんと八〇〇兆円を超えています。アメリカの家計の金融資産と比較して見ればさらにビックリですが、日本の家計の現預金はアメリカをも上回っています。現預金に絞れば、日本国民は文字通り、世界一のお金持ちなのです。

勘違いしないでほしいので念のため書いておきますが、この比較は「国民一人あたり」ではありません。国全体の「絶対額」の比較です。アメリカの人口は日本の約二・五倍ですから、両国の人口の違いを考えれば、日本の家計がどれだけ驚異的な現預金を持っているか、理解できると思います。

国民が莫大な現預金を持っているということは、潜在的な購買力が巨大だということです。

金融資産の中には、現預金のほかに株式や債券なども含まれているわけですが、「購買力」という視点で見る上では、やはりすぐに使える現金、そして預金が最強の金融資産になります。

購買力が高いということは、いざとなればジャンジャンお金を使えるだけの蓄えがあるということであり、これは経済成長していく上で大きな強みとなります。

とりわけ現在のように世界中が同時不況の真っただ中にある状況では、これほどまでに巨額な現預金を持っている国など他に一つもありませんから、日本経済の優位性はさらに際立《きわだ》つはずです。

お金が動けば景気はよくなる

ただ、家計の現預金がどんどん増えているという状況は、お金があまり消費に回されていないことの裏返しでもありますので、手放しで喜んでばかりいられないのも事実です。社会の中であまりお金が動かないからこそ、デフレが深刻化していくわけですから。

日米家計の金融資産比較　2010年末時点

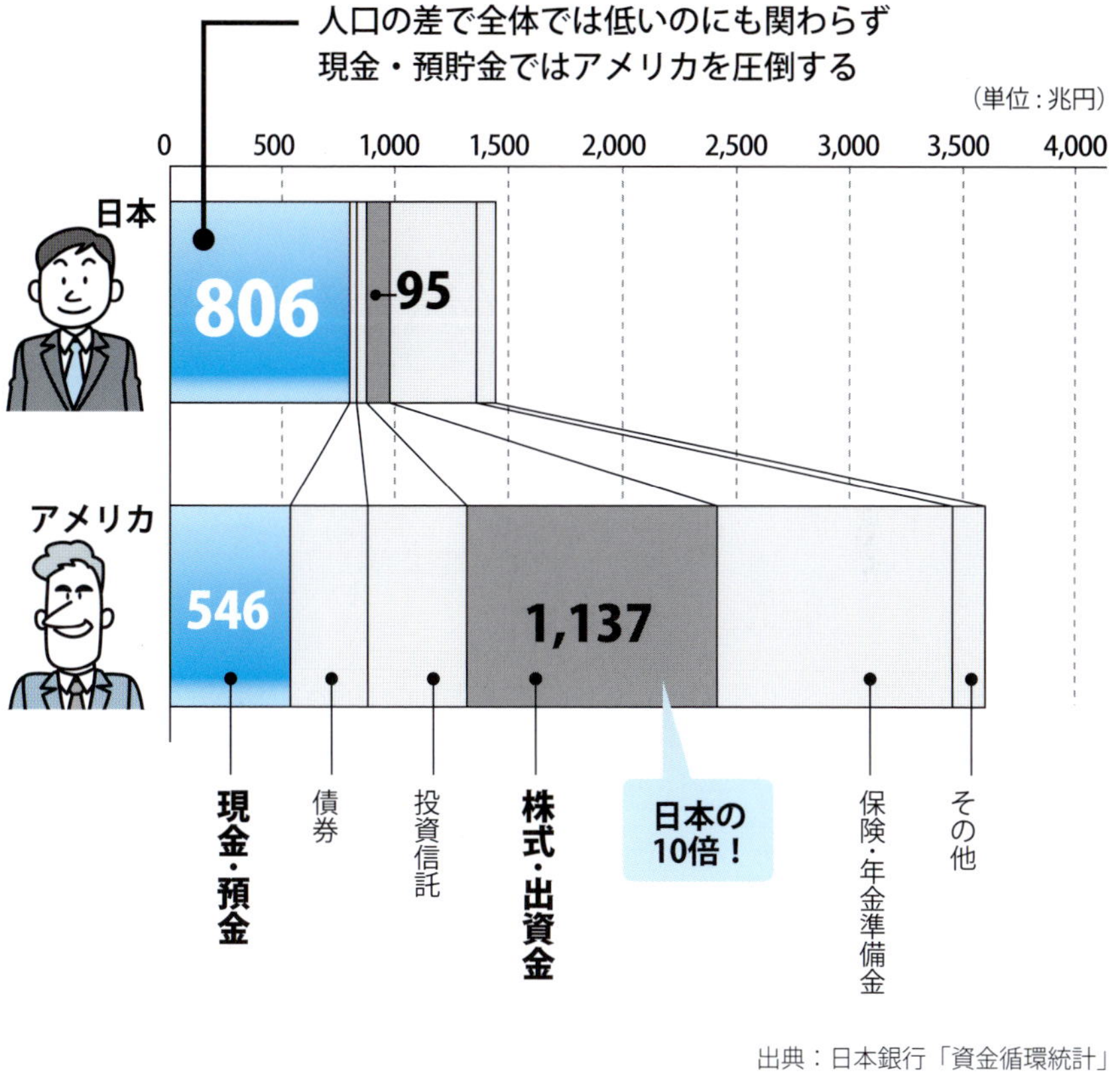

出典：日本銀行「資金循環統計」

現在の日本は、家計だけでなく企業もあまりお金を使おうとしません。本来ならどんどん投資をして、供給力を高めて利益を追求するのが普通ですが、不景気の中では、むしろ投資を抑え、借金を返済し、お金を貯め込んでおくようになってしまいます。企業が利益を内部に蓄積することを「内部留保」と呼びますが、現在の日本企業の内部留保の額は、史上最大規模に膨《ふく》れ上がっています。

日本は民間がこれだけお金を貯め込んでいるのですから、そのお金をどんどん使って社会の中をお金が動くようになれば、景気はよくなり、さらに経済成長できます。

家計が「不景気だからお金を使わない」のは仕方ありませんが、「お金を使わないから不景気になる」のも事実。ですから、国民がたくさんお金を持っている日本は、いくらでも景気をよくできる可能性があるのです。

08 政府の「借金」は必要なもの

資本主義経済が機能していない

私たちの預金は、実は銀行から見れば「負債」すなわち借金になります。利息を払ってお金を預かり、私たちが預金を引き出そうとしたときに銀行が「返済」しなければならない借金です。ですから、銀行はこのお金を運用、つまり誰かにお金を貸して金利を稼がなければなりません。

この「借りて貸す」が、言わば銀行のビジネスモデルです。運用せずに眠らせておけば、一方的に預金者への金利支払いが発生するだけになり、いわゆる「逆ザヤ」の状態になってしまいます。

ところが現在の日本は、バブル崩壊以降、企業が銀行からの融資を投資にあてるということが少なくなっている状況にあります。お金を借りるどころか、むしろ借金を返済しようとする企業が増えており、これが不景気やデフレの深刻化を招いている原因にもなっています。

特に九七年の橋本政権以降、銀行から企業への融資残高（貸付額）は減り続けていきました。そんな中にあっても、国民からの預金は増え続けていったのです。「銀行の借金（預金）は増えるが、貸出は増えない」という状況です。

すでに述べた通り、預金は銀行にとっての「借金(負債)」であり、貸付は「資産」ということになりますが、このような状態は、銀行が困るという以前に、そもそも資本主義経済が機能していない状態と言ってもいいでしょう。

有り余って行き場をなくしたお金

銀行が貸し出したお金を使って企業は投資などに支出し、利益を生んで、銀行に返したお金がまた別の企業に貸し出される。そのように銀行と企業の間をお金が繰り返しやり取りされていくことで、社会全体に流れるお金の量（マネーストック）が増加し、経済が成長していくことになります。

ところが現在の日本は、このお金の流れが滞《とどこお》り、マネーストックが増えようとしません。わかりやすく言えば、社会全体の「金回り」が悪くなっているわけです。

預金超過額を国債で運用する民間銀行

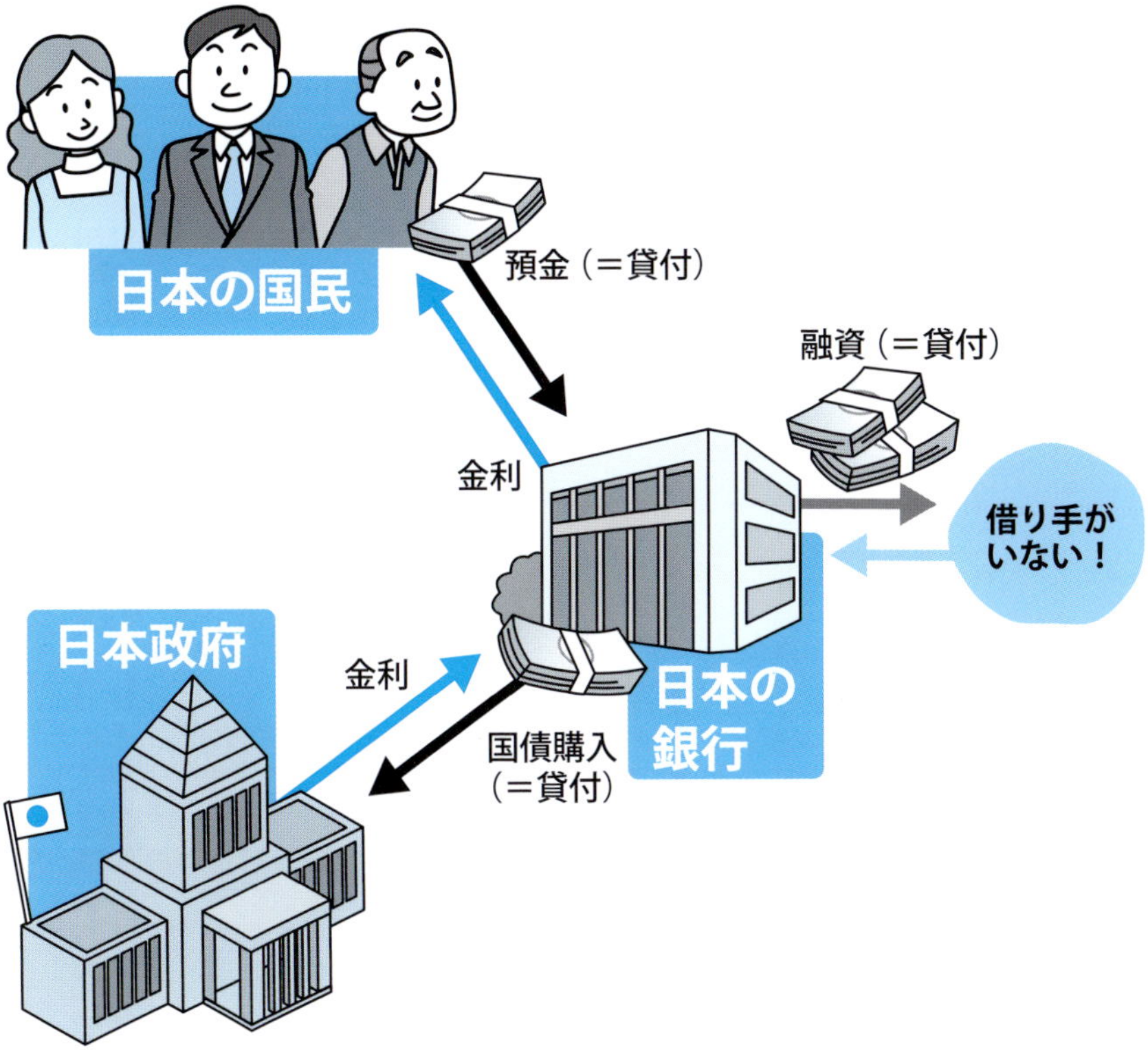

前項で触れたように、家計の現預金も企業の内部留保も、とてつもない額になっています。すでにおわかりの通り、これは銀行がとてつもない負債を背負っているということでもあります。運用しなければ、銀行の「逆ザヤ」もまた大変な額になってしまいます。しかし、貸し出したいお金がたくさんあるのに「借り手」がいない。

ならば、誰に借りてもらうのか？

もちろん政府しかありません。政府が国債を発行し、銀行が私たちの預金で購入する。デフレによって動かなくなったお金を、政府に借りてもらうことで運用し、お金を動かそうとしているわけです。

有り余って行き場をなくしたお金を動かすには、まず最初に、政府が借りたお金を動かすしかありません。動き出してお金の使い道がたくさんできれば、国債の発行も自然に減っていくでしょう。

09 日本国債の金利支払い負担は世界で最も軽い

利払い負担は わずか一・三パーセント

前項で説明した通り、銀行は「政府にお金を借りてもらわなければ困る」という状態にあります。言い方を変えれば、政府にお金を「貸したい」人がたくさんいるわけです。

「だからと言って一〇〇〇兆円も借りていたら金利の支払いだけで破綻するじゃないか」というようなことを主張する人もいるようですが、これも心配には及びません。

利払い負担の度合いは一般的に、政府の金利支払いがその国の経済規模（ＧＤＰ）に対してどの程度の割合であるか、によって比較します。すなわち「政府の利払い対ＧＤＰ比率」ですが、日本の「政府の利払い対ＧＤＰ比率」は、わずかに一・三パーセントとなっています。アメリカが一・八パーセント、イギリスが二・三パーセント、イタリアが五・三パーセント。主要国と比較してもわかる通り、世界最低水準なのです。日本政府の債務残高は莫大で、ＧＤＰの二倍にも達しているというのに、利払い負担はたったの一・三パーセントでしかないのです。

債務残高がＧＤＰの二倍というのは、なるほど確かに世界の主要国と比べても突出しており、この事実を持って「日本は世界一の借金大国」の根拠とされることがよくあるのですが、実際は、利払い負担がこんなにも軽く、借金が重荷になっているわけではありません。国の財政だけを考えれば、むしろジャンジャン借りたほうが「お得」だったりもします。

最も安心して お金を貸せる国

その理由はもちろん、日本国債の金利が低いからです。ユーロの破綻国が金利の急騰に喘《あえ》いでいるのに対し、日本の長期金利はここ十年以上もの間、二パーセントを上回ったことがありません。

ユーロの破綻国は軒並《のきな》み危険水域と言われている七パーセントを超え、ギリシャにいたっては一五パーセントを超えています。しかもギリシャの利払い対ＧＤＰ比率は九パーセントにも達しており、そのような状況になっては財政再建など極めて困難でしょう。

ユーロ諸国と日本の長期金利（新規発行十年物国債金利）

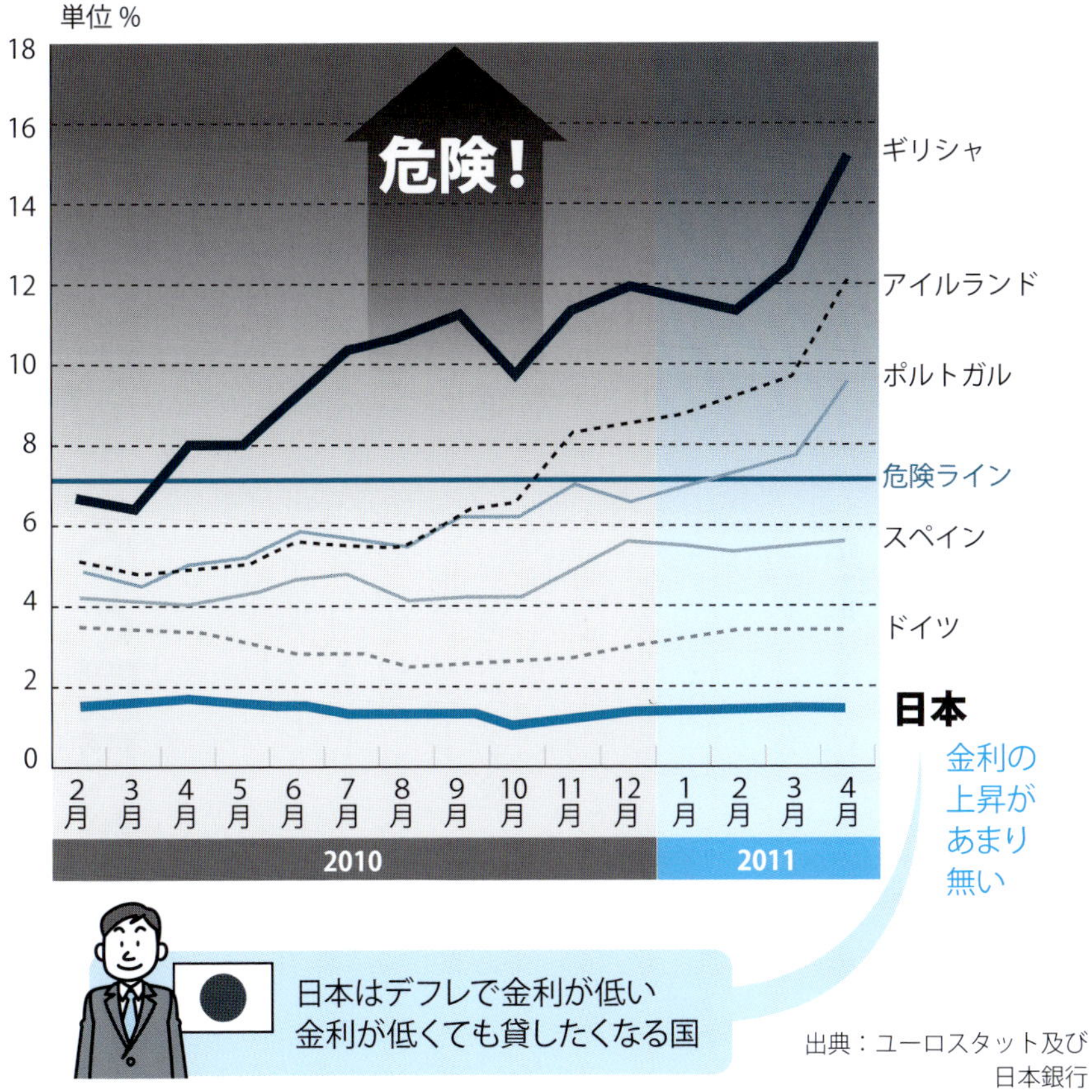

出典：ユーロスタット及び日本銀行

つまり、それだけの高い金利を払わなければ、誰も国債を買ってくれない事態に陥っているというわけです。「財政破綻の危険があると見られている国」は、必ず長期金利が上がっていくものです。自己破産しそうな人に誰もお金を貸したがらないのは、当たり前のこと。リスクが高い分、金利の設定を高くしなければ国債が売れないのも同じ理屈です。

ところが日本の長期金利は世界最低水準。つまり「世界で最も安心してお金を貸せる国」であり、「世界で最も破綻の心配がない国だと目《もく》されている」、ということに他なりません。

簡単にお金を貸してもらえるから債務の残高が増え続ける、という側面もあるかもしれませんが、いずれにしても「利払いが大きな負担になって破綻する」などという事態は、日本に関する限り、まず起こりえないと言ってよいでしょう。

10 政府が借金をすると国民が豊かになる

「政府の負債」は「家計の資産」へ移動

最初に基本的なことを理解しておいていただきたいのですが、誰かが誰から借金をすると、「負債」と同時に「資産」も同額増えることになります。あくまでも「同時に」です。

友人から一〇万円借りたら、「負債」が一〇万円になるということですが、そのとき手元には、友人から受け取った現金一〇万円が残っているはずです。つまり一〇万円の「資産」です。一円も使わなければ、「負債一〇万円」と「資産一〇万円」がバランスシートの左右に残り、プラスマイナスゼロです。当たり前の話ですね。負債だけが、瞬時にして発生するわけではありません。

ですから同じように、政府が一〇兆円分国債を発行した場合、政府の負債が一〇兆円増えると「同時に」資産も一〇兆円増えることになります。

この増えた資産は、一体どうなるのでしょうか。

政府は何も資産を増やすためにわざわざ借金するわけではありません。もちろん「支出」するために借りるのです。

借りた一〇兆円を公共事業に回した場合、事業を請《う》け負《お》った民間の企業に、この一〇兆円が支払われます。すると政府の資産が一〇兆円減り、企業の資産に一〇兆円がプラスされます。事業を請け負って利益を上げた企業は、従業員に給料を支払います。仮に一〇兆円全額を支払うと仮定した場合、企業の資産が一〇兆円減り、家計の資産に一〇兆円がプラスされます。

政府が「負債」を増やすことで生まれた「資産」が、巡《めぐ》り巡って国民の家計に移動することになるのです。お金がどこかへ消えてしまうわけではなく、単に移動するだけです。

政府が借金を増やすことで、私たち国民も貧乏になったような感覚で受け取りがちですが、本当は正反対で、国民は豊かになるのです。

緊縮財政がもたらした恐ろしい結果

資産を増やした国民は、今度は消費者となって商品を買い、企業にお金を支払います。企業は利益を上げ、従業

「不幸な日本人」の分岐点となった1998年

日本の自殺者・失業者・平均給与の推移（それぞれ1980年を1とした場合）

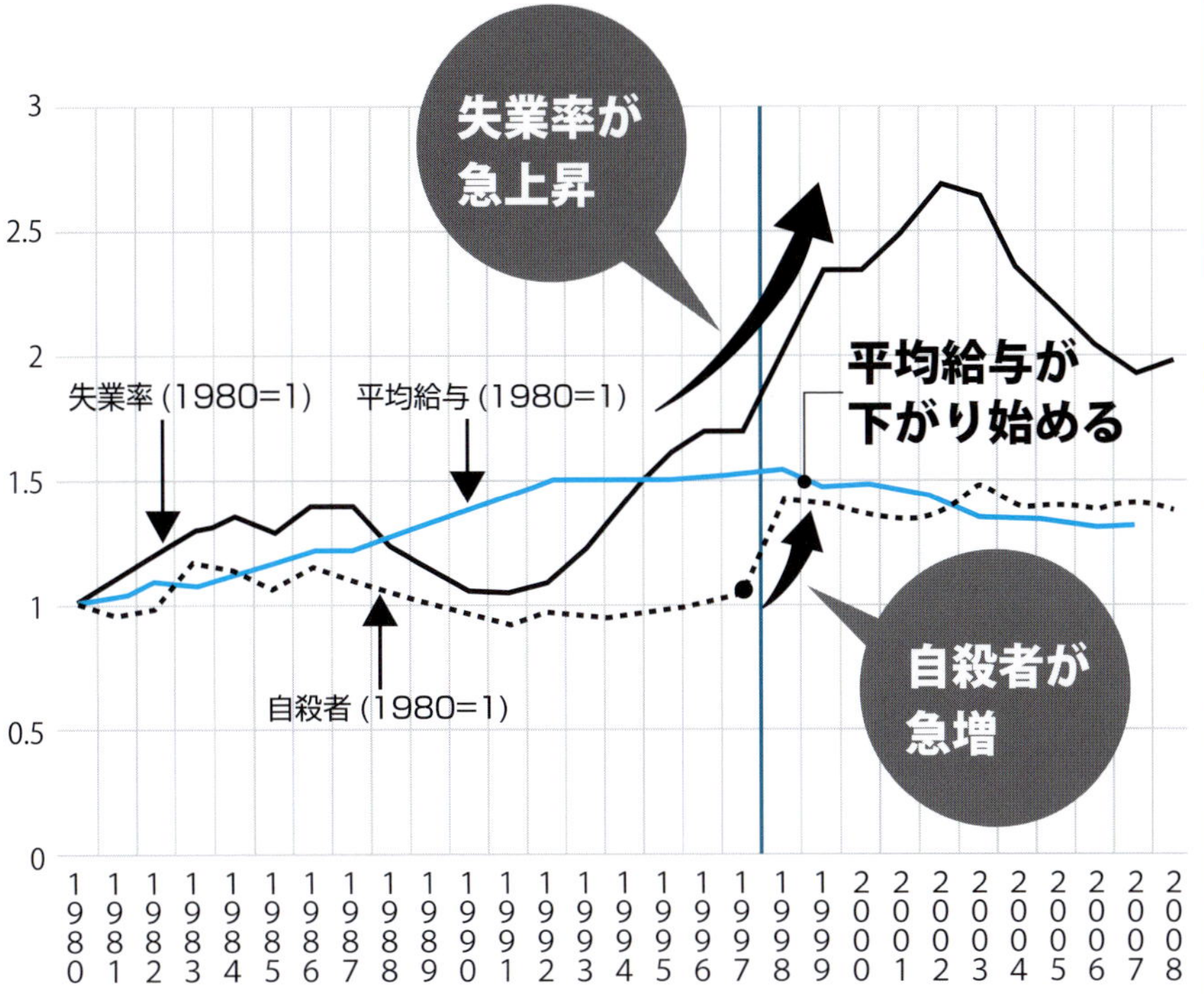

出典：警察庁、統計局、国税庁の資料から作成

員の給料を上げ、もっと豊かになった国民はさらにモノを買い、という具合にお金が社会の中をグルグルと移動し始めると、どうなるでしょうか。

　そうです。景気が良くなります。当然、政府の税収も増えます。

　政府の支出が、経済成長の原動力となっているのです。

　逆に政府が借金をせず、緊縮財政に走るとどうなるか。

　グラフをよく見てください。橋本政権が財政健全化を目指し、緊縮財政を強行したのは一九九七年。その翌年から失業率も自殺者も急増しています。景気の悪化とは、かくも恐ろしいものなのです。政府の政策ミスがどれだけの影響を与えるか、グラフを見るとよくわかります。

　にもかかわらず、今日まで、日本は相変わらず同じあやまちを繰り返そうとしています。もういい加減にしてほしい、というのが正直な気持ちです。

11 そもそも政府は借金を返す必要がない

借金を孫子の代に先送り？

政府の借金は増えるのが世界の常識で、無理して減らそうとしている国はない。経済成長すれば自然に借金は減っていく――。

そうした理屈を頭で理解してもやはり、私たち日本人の「借金」に対するある種の嫌悪感は根強く、「でもいずれは返すことに変わりはないんでしょ？　それって、孫子の世代に先送りしているだけなんじゃないの？」と不安を拭《ぬぐ》いきれない方が多くいらっしゃいます。

ところが、こんな言い方をしたら驚くでしょうが、政府の借金は無理して減らす必要がないだけでなく、そもそも完済する必要がないのです。「孫子の世代」どころか、これから将来の日本を背負うあらゆる世代に、返済の義務はありません。政府の借金を「完済」する日は、永遠にやってきません。

政府というものには、基本的に「寿命」がありません。日本国家が将来的に消滅する可能性がまったくのゼロとは言いませんが、半永久的に存続することが前提として成り立っています。

ですから「日本政府は破綻しました。消滅するので借金はすべてチャラってことでよろしく」というわけにはいかず、永遠に存在し続けて、借金も永遠に背負い続けなければなりません。

このような考え方を「ゴーイング・コンサーン」と呼びますが、こうした認識があれば、「借金を完済する」という発想は出てこないのです。

借入金を繰り延べる

もちろん、返済期限がやってきた借金は返さなければならないので返しますが、その代わり、繰り延べ（ロールオーバー）してまた借り直す。これを未来永劫《えいごう》、繰り返していけばいいだけのことです。借入金のロールオーバーは、政府だけに限らず企業でもごく当たり前にやっている日常業務です。

「でもいつかは…」とまだおっしゃりたいなら、日本が消滅するときのことを想像してみることにしましょう。

まったく非現実的な話ですが、少子化が極端に進んで、何千年後かに日本国民が一人だけになったとします。そ

日本政府の国債発行残高（政府の負債）

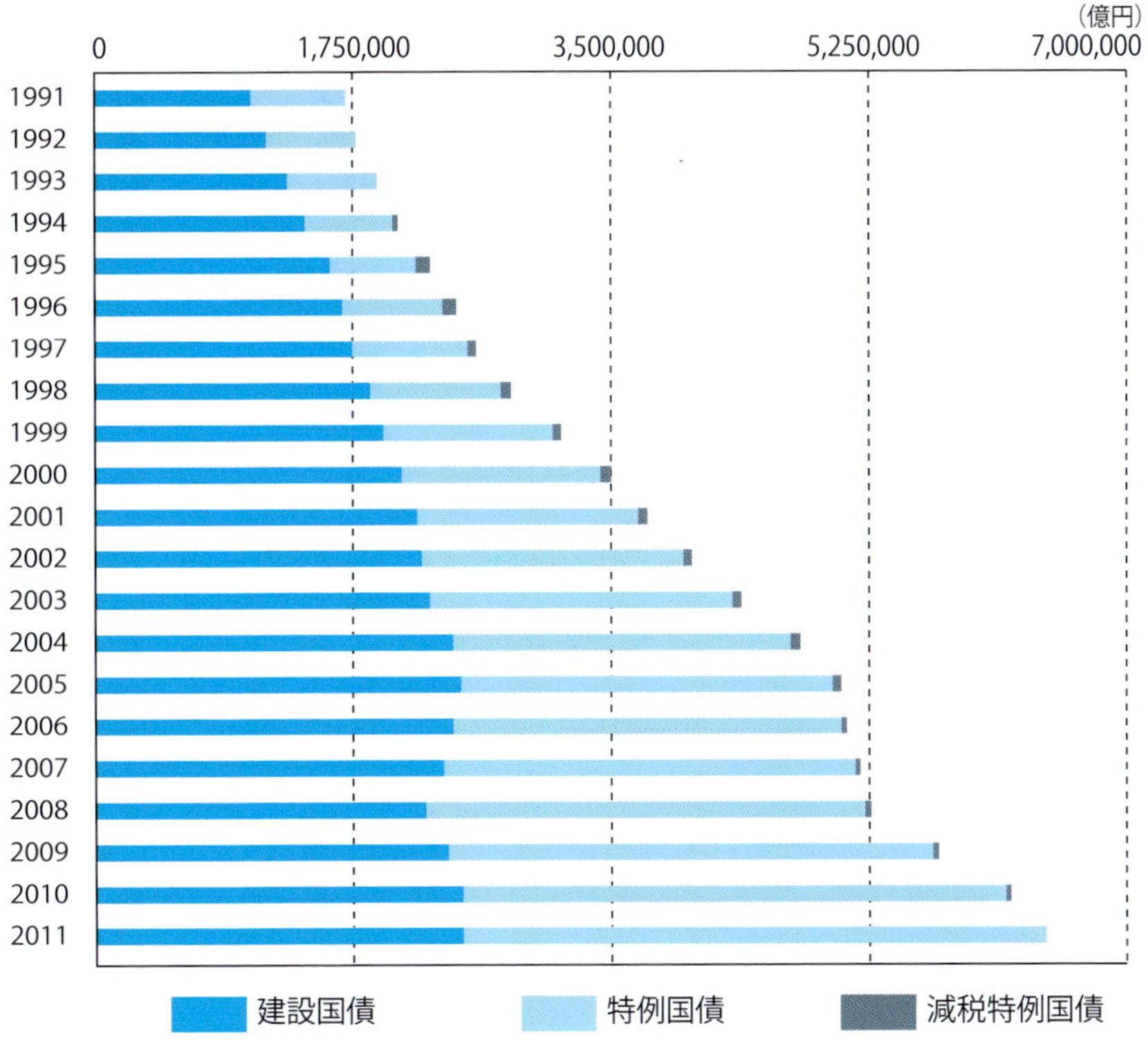

出典：財務省

の彼が「もう日本国民やめてアメリカ人になろう」と考えたら、まずは日本国家を清算しなければなりません。

そのとき、彼は日本政府の「莫大な借金」を背負って途方に暮れることになるでしょうか？

ここで再び11ページの「日本国家のバランスシート」を思い出してください。ここに計上された巨額の負債と巨額の資産を、彼が保有しているはずです。当然ですね。日本国は彼一人なのですから、国家のバランスシートと彼個人のバランスシートはイコールです。そして、「自分自身から借りている」負債と「自分自身に貸している」資産を相殺《そうさい》して、それで終わりです。政府の借金も相殺されて、綺麗《きれい》さっぱり消滅してしまいます。純資産の分だけが手元に残りますから。彼は間違いなく、最も裕福なアメリカ人として余生を過ごすことになるでしょう。

国内で貸し借りしている限りにおいては、しょせんこの程度の話なのです。

12 日本銀行が国債を買取れば借金は「チャラ」になる

日銀券は「借金証書」のようなもの

政府の借金など、極端に言えば、返そうと思えばいつでも返せるものです。ただ、返す必要もなければ、返されると困る人がたくさんいるので返さないだけです。

なぜなら、日本の政府には、すぐに借金を帳消《ちょうけ》しにできる「奥の手」があるからです。要するに、いざとなったらお札を刷《す》って渡せばいい、ということです。

冗談《じょうだん》にしか聞こえないと思いますが、これは事実ですし、実際に行われていることです。

それが日本銀行による国債買取りです。政府は日銀に国債を買い取ってもらえば、返済負担からも利払い負担からも解放されます。各銀行も日本銀行に国債を渡せば、同額分の通貨が発行されて銀行の口座に振り込まれます。

一万円札一枚の印刷コストは約一九円ですので、一〇〇〇兆円なら、一兆九〇〇〇億円必要になりますが、日銀当座預金を使えばお札を刷る必要もありません。口座の数字をチャチャっといじるだけで、いくらでも通貨が発行できてしまいます。

そもそも、日銀はそのような形で通貨を社会に流通させるのが仕事なのですから、別に驚くことでもなんでもありません。政府からの直接買い取りこそ国会決議が必要になりますが、日常的に行われている業務です。

日本円とは、紙幣に「日本銀行券」と書かれていることからもわかるように、言わば日本銀行から発行された「借金証書」のようなものです。実際に、日本銀行のバランスシートには、発行された通貨が「負債」として記載されています。

国債は政府の借金証書であり、お金は日本銀行の借金証書。日本銀行は政府の子会社と言える存在ですから、国債の買い取りとは、親会社の借金証書の代わりに子会社の借金証書を渡すようなものです。

政府と企業は違う

知人が借金証書を持って「お金を返せ」と言ってきたとき「じゃ、代わりにこっちの借金証書を渡すから、これ

日本政府と日本銀行、国債と日本円

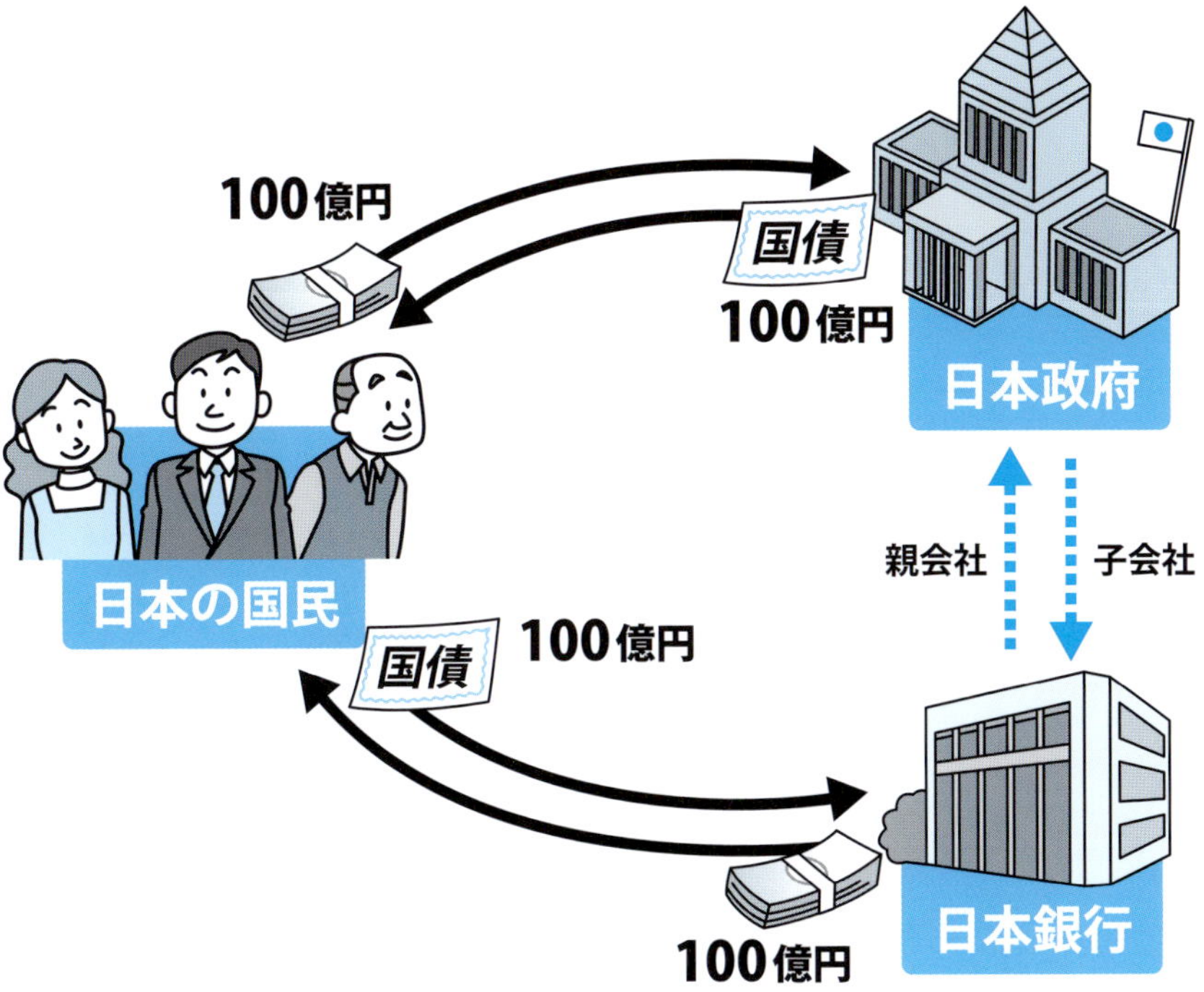

でチャラね」などとやったら激怒されるでしょうが、政府はそれで納得してもらえるのです。日本国内どこでも、日本銀行の借金証書をやり取りしているわけですから。

「ずるい！」

などと思わないでください。政府は個人ではありません。国家の中央政府は主権を持つ国民の管理下にあるものです。通貨を自由に発行して借金が消えたところで、「政府という人」が得をするわけではないのです。

「得」もなければ「損」もありません。利益を追求する企業とも違うのですから、ただ経済をコントロールするためにお金を動かしているだけで、「借金」はそのプロセスで生じるものに過ぎません。

だからいくら借金しても構わない、とまでは言いませんが、「損」も「得」もない政府の負債残高を気にしても、あまり意味はないのです。

13 お札をばら撒いてもハイパーインフレにはならない

マネーストックが拡大すると物価は上がる

前項で解説したように日本銀行が国債買い取りを行うことで、社会にお金が流れていきます。日本銀行から流れたお金は「マネタリーベース」と呼ばれ、この「基本となるお金」が銀行を経由して貸し借りされることで、社会全体のお金の量が膨らんでいくことになります。この膨らんだお金を「マネーストック」と呼びます。

好景気で企業や家計がお金を借りまくれば、「負債と同時に資産も増える」の原則通り、借りたことによって生まれた資産がどんどん移動を始め、マネーストックがマネタリーベースの二〇倍になったりするようなことも起こります。逆に不景気ならお金は動かず、数倍にしかならないこともあります。現在の日本はご承知の通り、後者です。

日本銀行は物価調整のためにマネタリーベースの量を調節するのが仕事のひとつですが、たくさん通貨を発行したら、当然、マネーストックは拡大へ向かい、お金の量が増えた結果、物価は上昇していきます。

すなわち、インフレーションです。

インフレが行き過ぎて国民生活に打撃を与えないよう、国債の買い取りを制限しているわけです。

ですから「そんなに政府の借金を返済したいなら、通貨をどんどん発行してばら撒《ま》けばいいじゃないか」というようなことを言うと、必ず「インフレになる！　ハイパーインフレになったらどうするつもりなんだ」という反論が出てくるわけです。

いくらなんでも笑《しょう》止《し》千万《せんばん》な話です。

何しろハイパーインフレーションの定義は、インフレ率が一万三〇〇〇パーセントを超えるということ。物価が一年間で一三〇倍に跳《は》ね上がるという非常事態です。

そのような事態は、戦争などで国内の供給能力が壊滅的な状況になった国でしか起こりえません。たとえば第一次世界大戦後のドイツ、第二次世界大戦後のハンガリーなどがそうです。「お金がいくらあっても買うモノがない」という状況です。

ハイパーインフレを起こす条件

東京小売物価指数の推移　1923年〜1961年

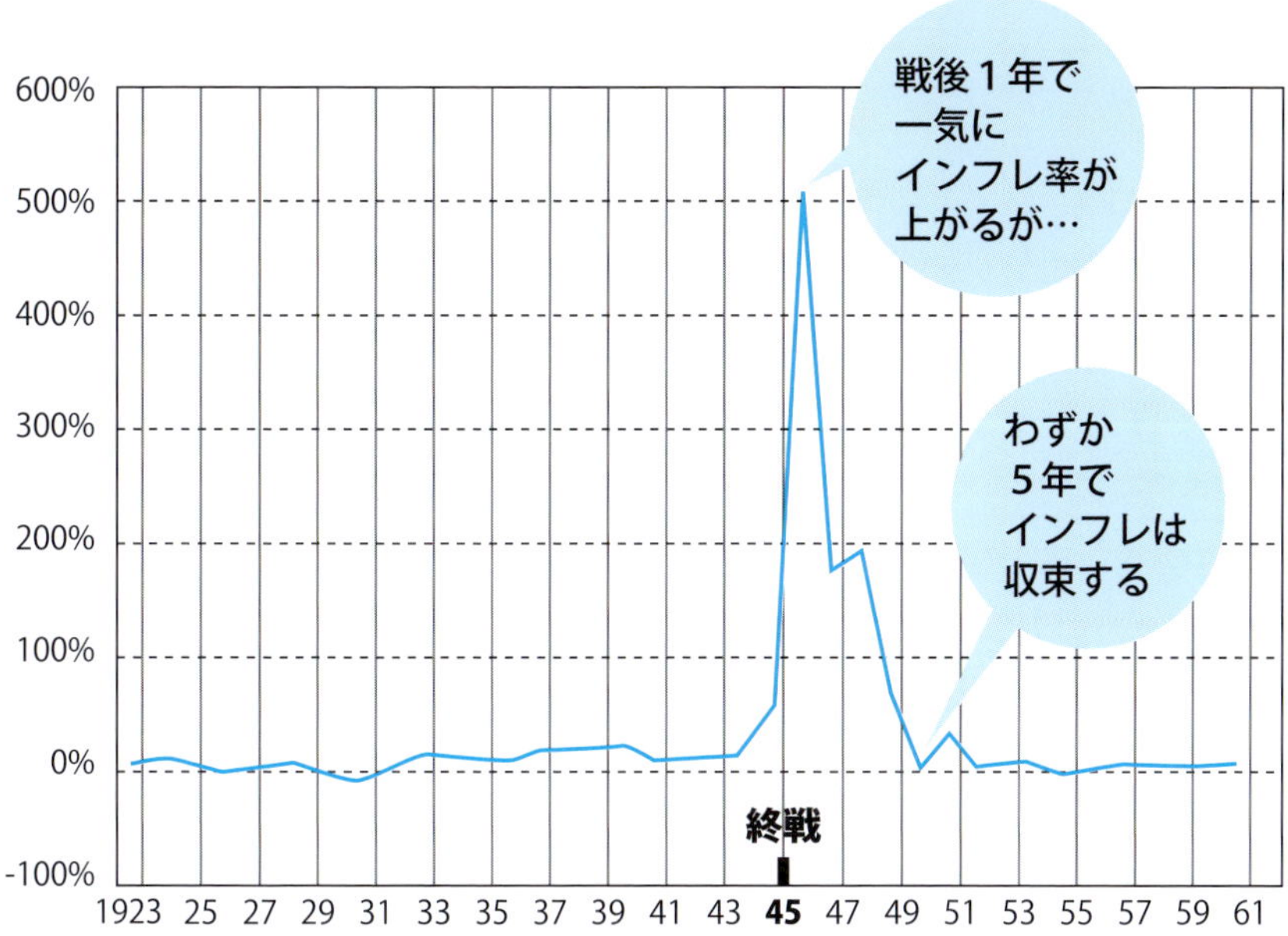

出典：消費者庁「戦前からの物価指数の長期系列」より

日本も第二次大戦後、国中が焼け野原になったくらいですから、供給能力が激減しました。しかし、そのときでさえ、インフレ率は五〇〇パーセントです。もちろんその数字でも当時の国民は大変だったでしょうが、凄《すご》いことに、戦後の混乱期でありながら、わずか五年で物価上昇はおさまりました。

まして、供給能力が異常に高く、モノが有り余っている現在の日本で、起こるはずがありません。「国民全員に一〇億円ずつ配ればハイパーインフレになる」いう試算も出ているくらい、非現実的な話なのです。

とはいえ日銀が通貨を発行すると、多少なりともインフレに向かうのは間違いありません。しかし、それのどこが問題なのでしょうか。デフレで困っているのですから、むしろ大歓迎ではないですか。

14 自国通貨建ての借金で破綻するのは論理的に無理

日本だからできる「必殺技」

中央銀行の国債買い取りで借金をチャラにする手段は、どこの国でもできるというわけではありません。国債の一〇〇パーセントが自国通貨建てで、すでに述べたように、貸し手の九五パーセントは日本国民であり、ほとんどすべてのお金を国内で調達できている日本だからこその必殺技です。

実はこの「自国通貨建て」であることが、日本政府が破綻しない最大のポイントなのです。

日本政府が借りているお金はすべて日本円です。ドルでもユーロでも、ましてや人民元でもなく、日本国内に流通している「円」を借りているのです。

もし、日本政府がドルで借りていたら、どのようになるでしょうか。

その場合、日本銀行による国債買い取りは不可能となります。日本銀行が発行できるのはあくまで「日本銀行券」であるところの「日本円」のみです。もし日本銀行が勝手にドルを刷ったりしたら、間違いなく戦争になるでしょう。

返済する際は、もちろんドルを返さなければなりませんから、大量の日本円をドルに両替しなければなりません。必然的に円安に振れますが、為替レートの変動次第では、実質的な借金が膨れ上がる可能性もあります。膨れ上がったら、さらに大量の円を売らなければなりませんから、円安はますます加速します。ドル建ての額面は変わらなくても、ますます借金は膨れ上がっていきます。

実際にアルゼンチン政府は、そうしたスパイラルに陥ってデフォルトに至りました。

ジンバブエがデフォルトしなかったのはなぜか

つまり政府が外貨建てで外国からお金を借りていた場合、最悪、破綻の可能性が生まれてくるわけです。

ちなみにギリシャやアイルランドはユーロという「共通通貨」建てですが、ユーロ諸国の場合は「通貨発行額の決定」「金利の調整」などの金融機能をユーロの中央銀行である欧州中央銀行（ＥＣＢ）に移譲していますので、自国の都合《つごう》で通貨を発行することができ

主要国の自国向け国債と外国向け国債のシェア

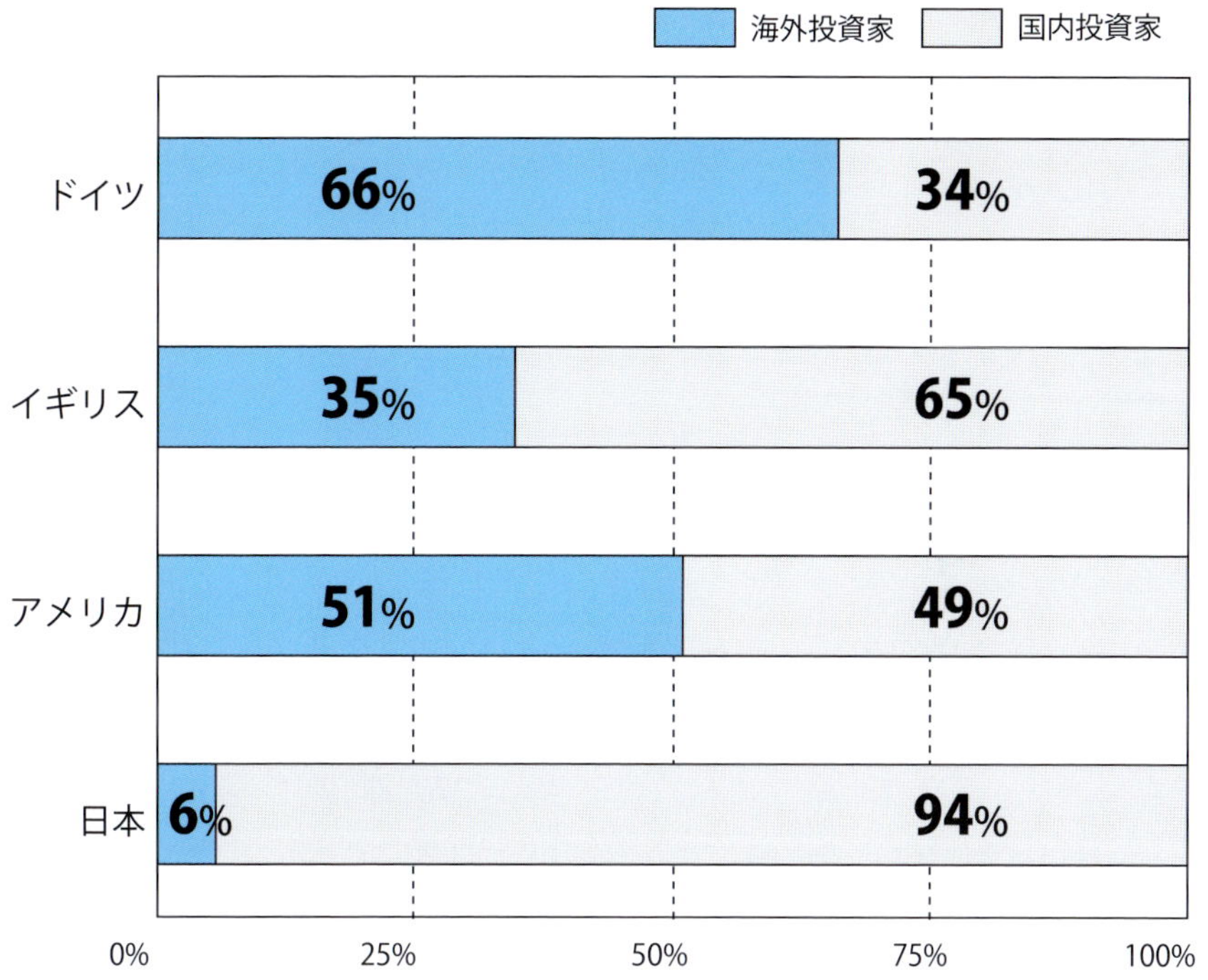

出典：各国の中央銀行

ません。自国通貨でありながら、事実上の外貨建て借金なのです。

通貨発行権を持つ中央政府の自国建ての借金である限り、破綻する可能性がないのです。

極端なハイパーインフレに陥ったジンバブエは、壊滅的な経済状態になりながらも、デフォルトしませんでした。日本と同じ自国通貨建てだったからです。ジンバブエドルも他国通貨に対して信じがたいほどの大暴落となりましたが、もし外貨建てだったら、「天文学的」などという表現では足らないほどの負債額になったかもしれません。

もっともジンバブエの場合、破綻はしなくとも完全に国家崩壊でしたが。

しかし実際のところ、世界のほとんどの国は当たり前のように外貨建てで借りています。「絶対破綻しない」と言い切れる日本（及びアメリカ）は例外中の例外なのです。

15

政府は「無駄遣い」などしていない

政府支出は二十年近くも横ばい

「こんなにも借金が膨らんだのは、政府が無駄遣《むだづか》いを続けてきたから」

政府の「無駄遣い」が徹底的に糾弾《きゅうだん》されているのは、そのような固定観念に縛《しば》られているからでしょう。お金を遣い過ぎてきたツケなのだから、まずは無駄を削《けず》れ――。

このことは、ほとんどの人が疑問を持たずに受け入れている前提のようになっています。

あらかじめ断っておきますが、いくら無駄遣いをしても構わない、などと言うつもりは決してありません。確かに、まるで役に立ちそうもない事業はありますし、公務員の高い給料も削るべきだと思います。ですが、「何が無駄で何が必要か」の議論がなされないまま、ただ支出を抑えるために削るのは理にかないません。少なくとも民主党の事業仕分けは、そのような議論がなされていたとは到底《とうてい》思えません。

それよりまず、政府は一体、どれくらい無駄遣いをしてきたのか、数字を確認して検証してみることが先です。

図の通り、一九九四年以降、日本の政府支出（政府最終消費支出＋公的固定資本形成）合計額は、一一〇兆円から一二〇兆円の枠をはみ出したことがほとんどありません。もちろん、負債残高は積算《せきさん》（つまりストック）ですから、その間、着実に増え続けているわけですが、フローとしての政府支出は、長年にわたってずっと横ばいなのです。支出の中身はともかく、金額だけに関して言えば、少しも「無駄遣い」していないことがわかります。

「役に立つお金の遣い道」を見つける

主要国でフローにおける政府支出が横ばいになっている国は一つもなく、各国とも確実に支出を増やし続けています。ただ、名目ＧＤＰがそれ以上に増えているため、公的債務残高の増加自体が問題視されていないだけです。

このことは第５項でも少し触れましたが、日本だけが政府支出が少しも増えていないために、公的債務対ＧＤＰ比率が二〇〇パーセントを超えるという奇妙なことになっているのです。

「お金の遣い過ぎ」どころか、「まっ

日本政府の支出の推移

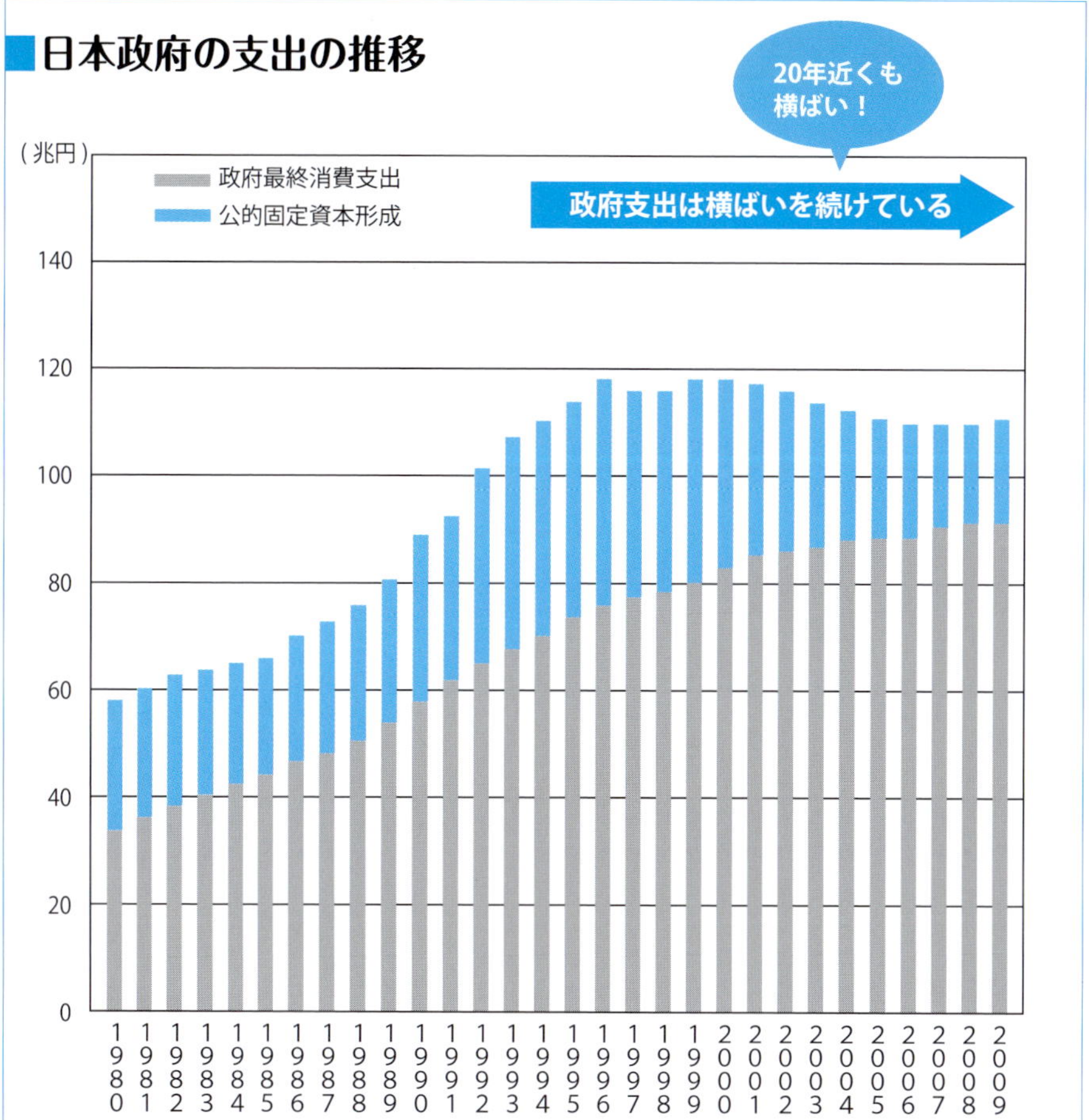

出典：内閣府「国民経済計算」

たく遣い方が足りない」のです。

「だからと言って必要のない道路を作るのは無駄だから削るべきだろう」と返されれば、なるほど確かに、利用価値がないという意味で、ストックとしては大いなる無駄です。しかし、道路建設によってGDPを増やせるのであれば、フローとしては無駄ではない、という言い方もできます。

価値がないなら壊せばいいわけで、壊すのにもお金を使いますから、「穴を掘って埋める」式で支出を重ねれば、フローとしては二重に正しいことになります。

しかし、それではあまりにも馬鹿げた話ですし、国民の理解は得られません。「だから削れ」ではなく、「もっと役に立つお金の遣い道をたくさん見つけましょう」が正解なのです。

まして現在は、復興のためのインフラ整備が急務です。「役に立つお金の遣い道」は山ほどあるのです。

16 公務員は多くもなければ「無駄遣い」でもない

「公務員総悪玉論」

政府の「無駄遣い」のひとつとして必ず挙げられるものに、「公務員」があります。事あるごとに叩かれやすいのが公務員で、「政府の借金も省益優先で無駄な事業ばっかりするせいだ」と、借金の張本人として吊《つる》し上げられる始末です。

そうは言っても、「公務員は全部悪」などという極論は、いくらなんでも感情的になり過ぎです。官僚の不祥事《ふしょうじ》、贈収賄は確かに叩かれても仕方ありませんが、だからといって「公務員が悪い」のではなく、「法を犯した公務員が悪い」だけです。感情論で物事を動かして良い結果につながることは滅多《めった》にありません。

しかし、そんな「公務員総悪玉論」が大手を振っているせいか、「公務員は多すぎる！　無駄だから削れ！」と、公務員自体が「仕分け」の対象になってしまいました。

筆者は、不思議で、不思議で仕方がありません。何を根拠にすれば「公務員は多過ぎる」という結論に至るのか。それこそ感情論としか思えません。

公務員の対労働人口比をＯＥＣＤ諸国の数値と比較して見てください。ご覧の通り、日本の公務員の対労働人口比は、断トツで最小です。ＯＥＣＤ平均と比較しても、三分の一程度しかありません。火を見るより明らかに、日本の公務員は「少ない」のです。

ついでなので、公務員の贈収賄事件の比較も載《の》せておきましたが、世界と比較して見れば、日本国民が感情的になってしまうほど腐敗しているとは、到底思えません。

日本の公務員給与は高くはない

数のみならず、公務員給与の対ＧＤＰ比も世界で最低水準です。ＯＥＣＤ諸国の公務員人件費の対ＧＤＰ比率（二〇〇七年）を見ると、アメリカ九・九パーセント、イギリス一〇・九パーセント、フランス一二・八パーセント、フィンランド一三パーセント、スウェーデン一五・一パーセントなどとなっているのに対し、日本は六・九パーセントです。北欧諸国は「政府がたくさん税を徴収し、たくさんサービスする」

OECD諸国の公務員贈収賄事件の比較（対人口比）

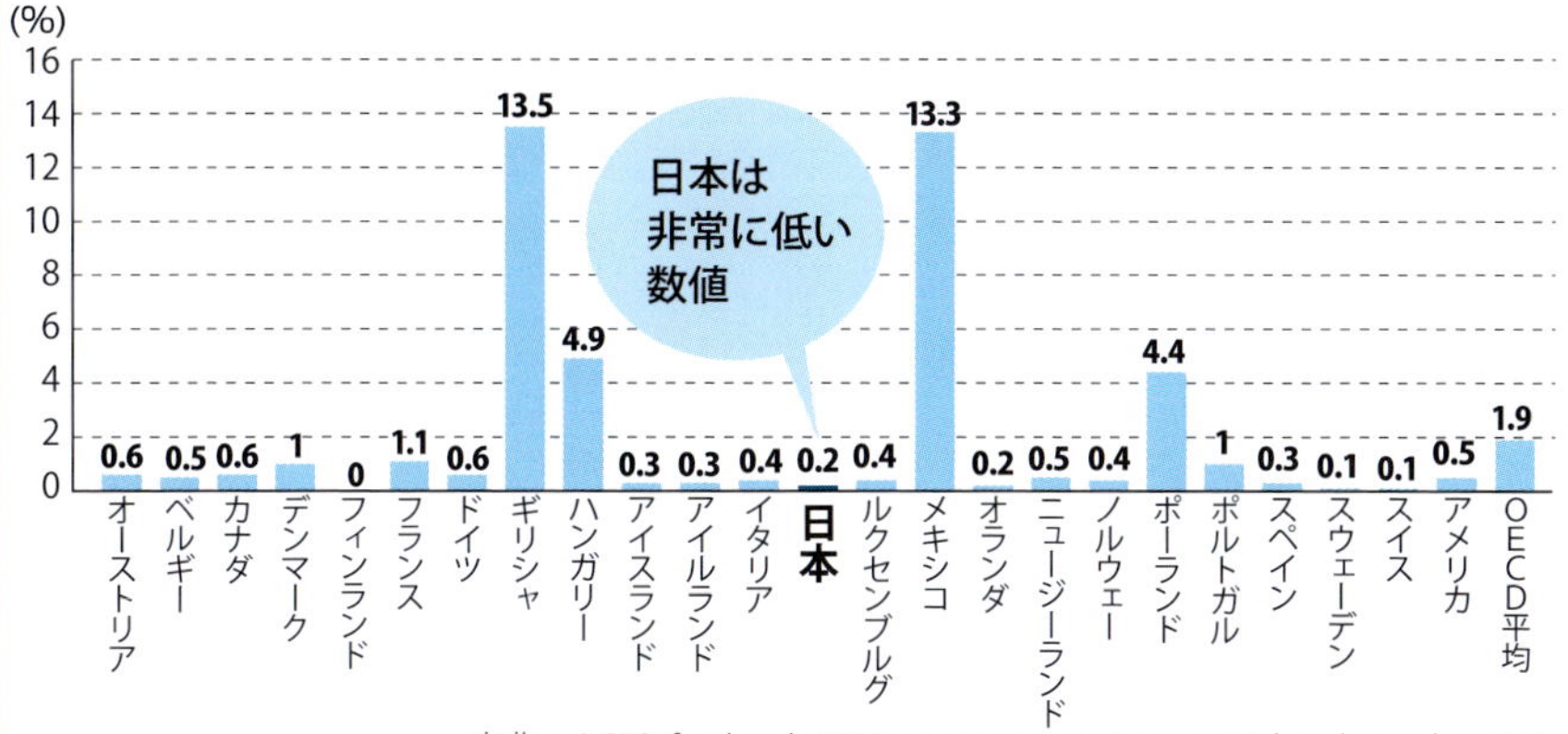

出典：OCED factbook 2009:economic, environmental and social statistic

※上記は公務員が一般国民から贈収賄を受けたケースのみ

OECD諸国の公務員数対労働人口比の比較

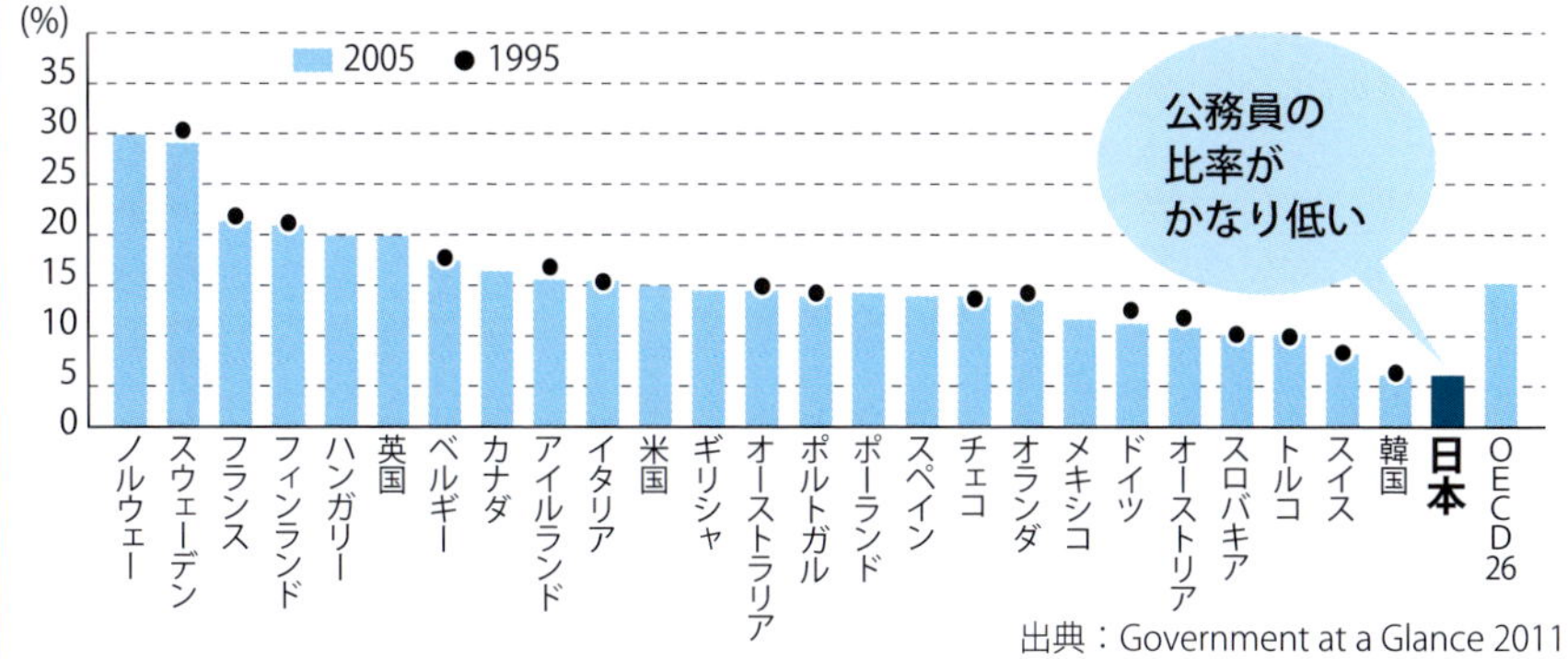

出典：Government at a Glance 2011

という国家モデルのため、比較することにあまり意味はありませんが、英米仏と比べても我が国は少ないのです。

　つまり「公務員の給与が無駄」という説も成り立ちません。

　加えて気になるのは、公務員が少ないということはすなわち、「公務員一人あたりの権限」が大きいということです。公務員数を削減しても、政府の権限まで削られるわけではないのですから、結果的に日本は、OECD諸国の中で最も「官僚一人あたりの権限が強い国」になっているわけです。さらに数を減らすというのであれば、その権限はますます強まっていくはず。ひょっとしたら、逆に問題を悪化させる可能性すらあるということです。

　これでもまだ「減らせ」と主張するのでしょうか。

　デフレ脱却のための一案としても、むしろ公務員は増やす方向にシフトするべきだと思うのですが。

17 金融資産の海外逃避が起きても何も問題ない

「円」は国外に持ち出せない

勘違いだらけの「破綻論」の根拠はまだまだあります。

「いずれ日本の資産家が一斉に資金を外国に持ち出し、国債を買う日本円がなくなって日本政府は財政破綻する」

日本国内から日本円が「なくなる」というのですから、笑うしかありません。一体、日本円をどこへ持って行こうというのでしょうか。

当たり前の話だと思うのですが、日本円は基本的に日本国内でしか使用することはできません。つまり、資産家が海外に日本円の資産を持ち出そうとするなら、必ず外貨に両替する必要があります。日本が国家として独自通貨を使用している以上、「資金流出で破綻」云々《うんぬん》以前に、円を持ち出すことがそもそも不可能なのです。

両替が行われた結果、日本の資産家がアメリカに一〇兆円の金融資産を持つ代わりに、アメリカの銀行が一〇兆円の資産を日本に持つこととなります。つまり円は逃げ出さず、ただ、持ち主が変わるだけです。

一〇兆円もの日本円を両替すれば、急激に円安に振れることになりますが、逆に言えば、ただそれだけのことでしかありません。

ちなみに金融資産を持つとは「誰かに貸し付けた」と同じ意味ですが、海外とのやり取りの場合、「為替」というものがあるために、「誰かの負債は誰かの資産」の原則通りに、日本の誰かが一〇兆円貸し付けたら、同時にアメリカの誰かが一〇兆円分負債を増やす、という話になりません。話をわかりやすくするために一ドル＝一〇〇円とすれば、日本がアメリカに一〇兆円（一〇〇〇億ドル）貸し付けると、必ずアメリカが日本に一〇〇〇億ドル（一〇兆円）貸し付ける、ということになってしまい、金融純資産や金融純負債が発生することはありません。

国債を買う日本円がなくならない

というわけで、貸し付ける（金融資産を持つ）ときには、必ず両替が行われ、アメリカの銀行も同時に金融資産を持つことになります。

そして、アメリカの銀行は日本で持

お金の貸し借りのみでは対外純資産は増えない

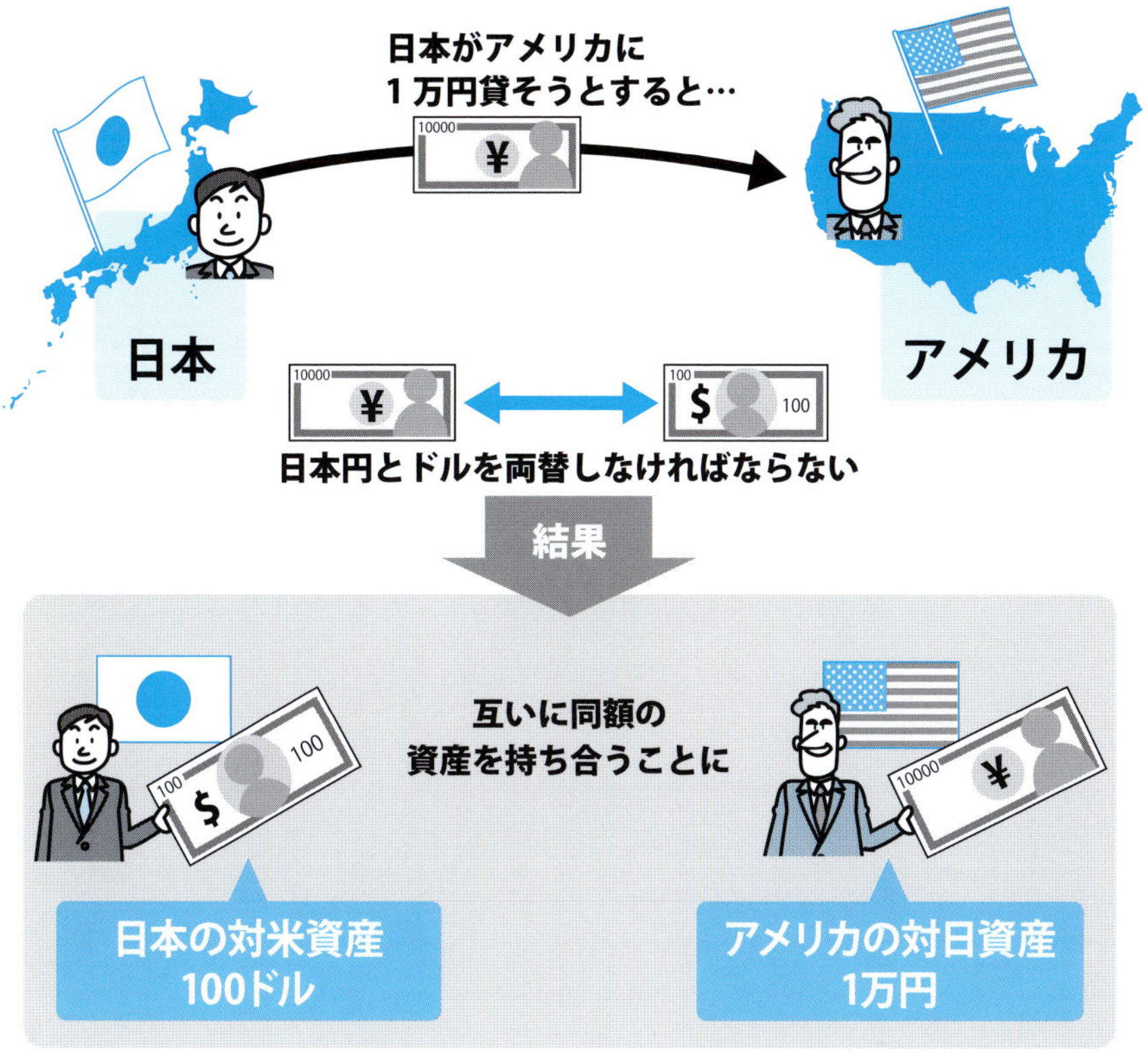

※1ドル＝100円の為替レートとする

つことになった一〇兆円の資産をそのまま眠らせて置いても仕方がありませんので、誰かに貸し付け、運用することになります。もちろん、日本円ですから、日本国内で、日本の誰かに貸し付けるしかありません。

日本が現在と同じデフレで民間の投資先がなければ、結局は日本国債を買うことになります。好景気ならば他に投資先に移すかもしれませんが、好景気の場合はそもそも国債発行の必要がありませんので、まるで影響はありません。

ですから、国債を買う日本円がなくなる、などという事態は永遠にやってこないのです。

誰の手に渡ろうが、日本円はあくまで日本の資産として、日本国内で運用されていくのです。消えてなくなる心配はありません。

18 年金制度は絶対に破綻しない

意味不明の「政府の隠れ債務」

「日本破綻論」を後押しする問題に「年金制度の崩壊」というものがあります。「少子高齢化と保険料未納によって、将来、政府が支払うべきお金が足りなくなってくる。だから本当は、日本政府には隠れ債務一〇〇〇兆円があり、破綻は避けられない」

「年金崩壊」のウソは多少なりとも周知されてきたようですが、いまだにこうした破綻論が大手を振って歩いていますので、きちんと説明しておこうと思います。

まず「隠れ債務」などという言い方が意味不明です。現在の政府の債務としてカウントするということは、将来払うべき一〇〇〇兆円のお金を現政府が持ち合わせていない、だからマズイ、と考えているのでしょうが、日本の年金は「賦《ふ》課《か》方式」です。すなわち「現役世代」から「年金受給世代」への仕送り方式ですので、将来に払うべき年金は、その時点の現役世代の保険料から支払われます。

したがって、今の時点で政府が支払い用の原資を用意できていなくても当たり前の話ですし、用意する必要もありません。

同じように、今の現役世代がどれだけ未納しようとも、将来的な年金支払いとはほとんど関係がありません。むしろ未納者が増えればその分だけ支払いが減るわけですから、原資は少なくて済むのです。

未納者は全体の五パーセント程度

それ以前に、大問題となっている年金未納の実態そのものが、事実ではありません。

「国民年金納付率、過去最低の六一・一パーセント」

こんな見出しが新聞に載ったら、誰もが年金システムに不安を感じずにはいられませんが、社会保険庁が発表するこの「納付率」は、実は第一号被保険者のみを対象とした数字でしかないのです。

第一号被保険者とは、自営業者や学生など自ら直接国民年金の保険料を納める義務がある人たちのことです。加入者七〇〇〇万人のうち、一九〇〇万

公的年金加入者の状況　2009年末

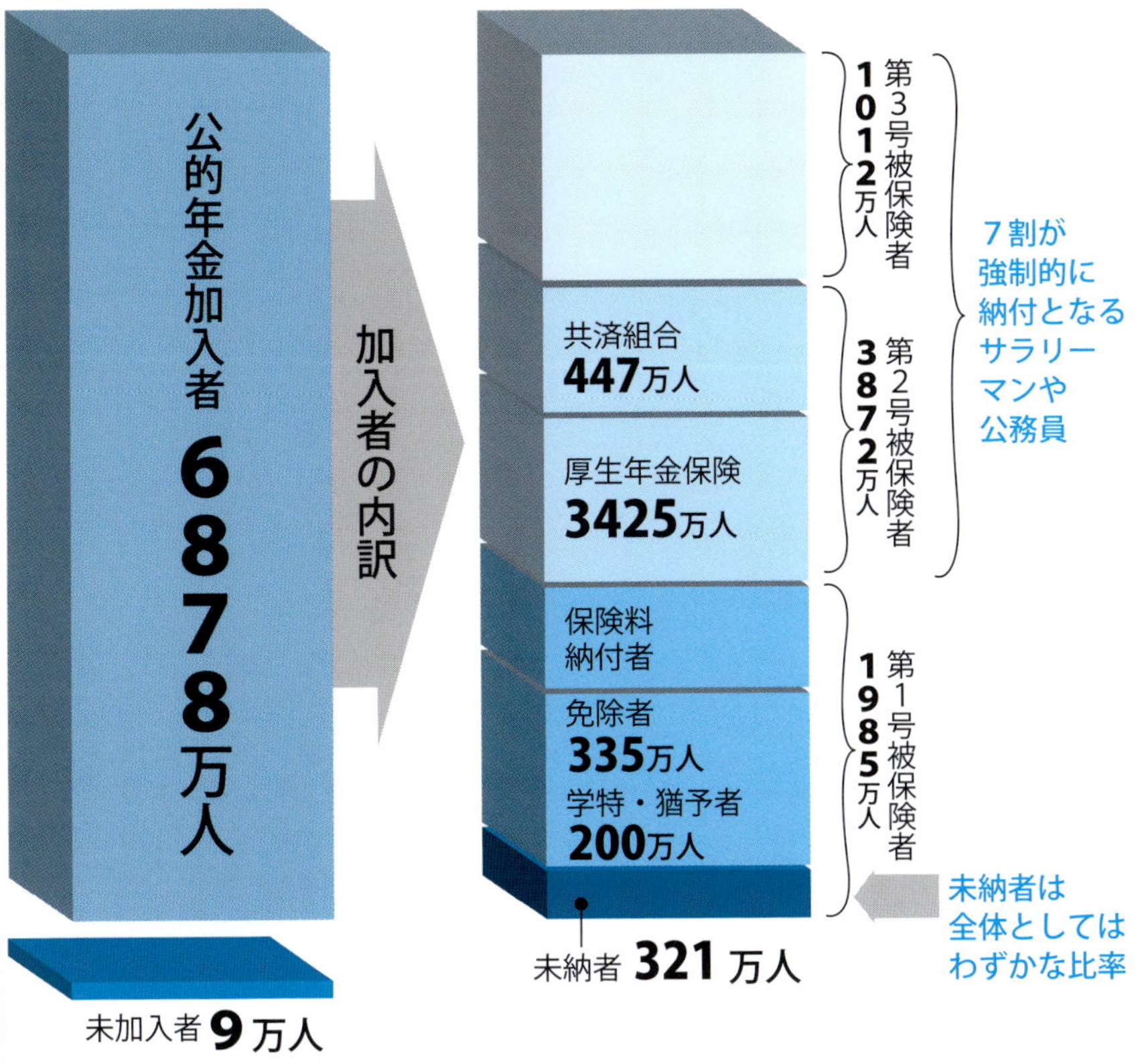

出典：厚生労働省「平成21年における国民年金保険料の納付状況と今後の取組等について」

人強がこの第一号被保険者です。

しかし、全加入者の七割を占める公務員やサラリーマンなどの第二・三号被保険者たちは、強制的に保険料を支払わされるため、そもそも未納したくてもできません。わざわざ調べなくとも「納付率」は一〇〇パーセントです。

全加入者を対象にして正しく納付率を計算し直してみると、およそ九五パーセントになります。つまり実際の未納者はわずか五パーセント程度なのです。この程度の未納では、年金制度はびくともしません。

厚生労働省は以前「実質GDPマイナス一パーセント成長が続けば、年金は二〇三一年に破綻する」という試算を出したことがありました。実質GDPマイナスが続いたら年金より先に日本経済崩壊なので、思わず笑ってしまいましたが、逆に言えば「普通に経済成長していれば何一つ心配ない」ということが、この試算で証明されたのではないでしょうか。

第2章

「日本はまだまだ経済成長できる」これだけの理由

19 日本だけが唯一、不良債権処理を終えている

いきなり破綻しかねない危険

世界は今、大半の国がデフレに突入しています。様々なバブルがことごとく崩壊し、各国が需要不足に喘《あえ》いでいるのです。

ご承知の通り、日本も同じように、深刻なデフレの真っただ中です。しかし、同じデフレでも、日本だけは、置かれた事情がいささか違っています。

世界経済危機の始まりとなったのは、皆さんもよくご存じの通り、サブプライム・ローン問題に端《たん》を発したアメリカの不動産バブル崩壊、そしてリーマン・ショックです。多分野の金融商品がことごとく大暴落し、レバレッジをかけて投資し、膨《ふく》らみ続けていた世界の資産が急速にしぼんでいきました。そして、高い金利を利用し、借金と投資を繰り返すことで資産をどんどん増やしていたわけですが、資産が減る裏で、同様に巨額化していた負債だけが、手元に残されてしまったのです。

金融国家として名を馳《は》せていたアイスランドは、手持ちの金融資産がほとんど無価値化した一方で、ＧＤＰの一〇倍にも及ぶ、途方もない対外負債を抱えることになってしまいました。

証券化された金融資産は、このように突然価値が激減してしまう可能性があるので、バランスシートに巨額な資産が計上されていても、その中身次第では、いきなり破綻《はたん》しかねない危険をはらんでいるのです。

日本の家計が世界最大の現預金を持っていることは先述しましたが、金融資産の多くを現預金が占めているということが、実は日本経済の強さを証明する鍵でもあるわけです。もし、八〇〇兆円に上る家計の現預金がすべて証券化商品で、無価値化してしまったら、国家のバランスシートから八〇〇兆円の資産が忽然《こつぜん》と消えてしまうということですから、一大事です。

欧米は需要拡大どころではない

欧米を中心とした金融機関では、まさしくそのような惨事が起きています。多くの資産が不良債権化し、評価損の嵐に見舞われて破綻する銀行が跡を絶ちません。リーマン・ショック以降、アメリカでは毎週数行のペースで

日米欧の不良債権規模

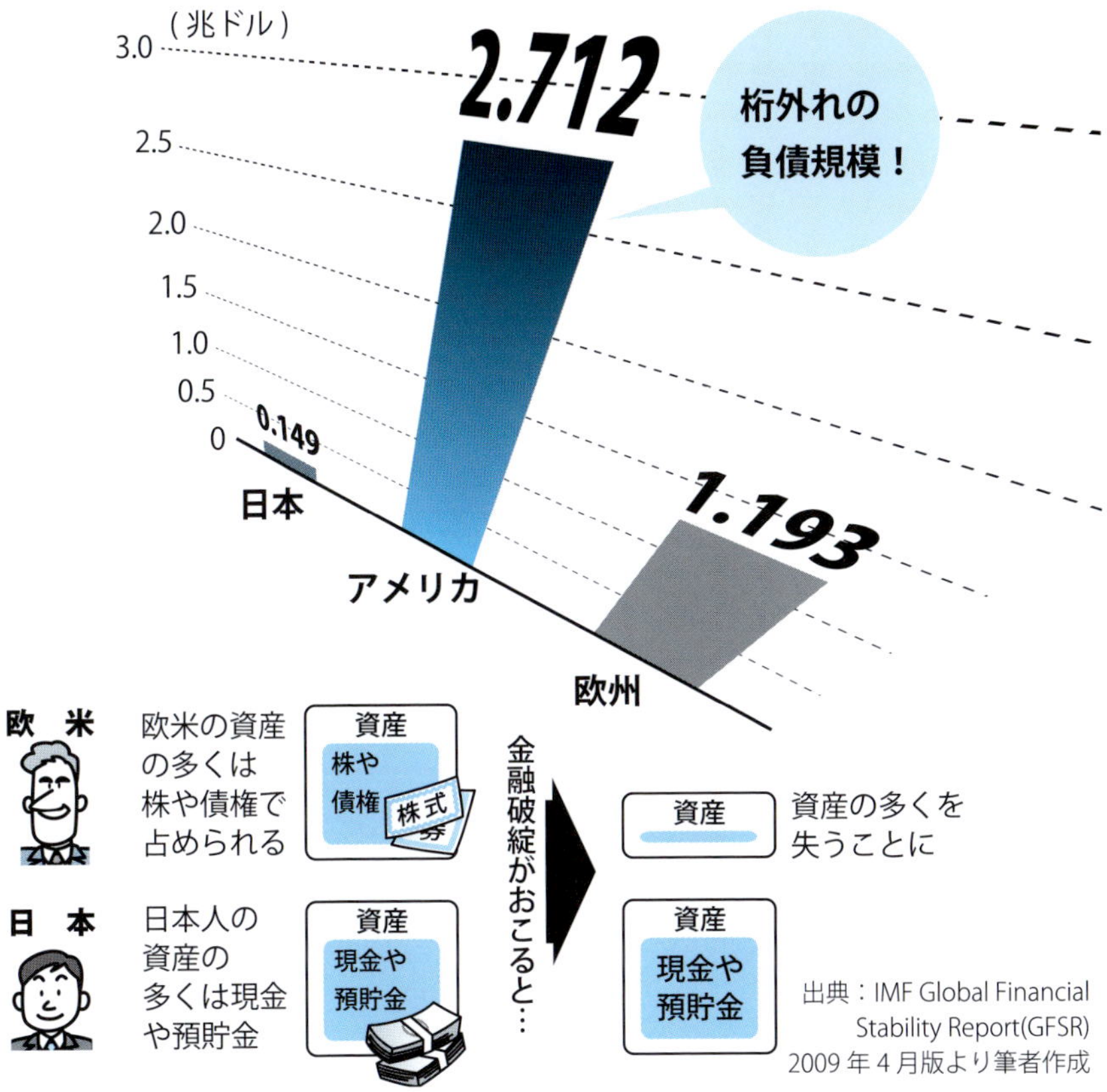

出典：IMF Global Financial Stability Report(GFSR) 2009年4月版より筆者作成

次々と地方銀行が破綻しました。

バブル崩壊時、同じことを日本も経験しています。当時、日本の金融機関が抱えてしまった不良債権は四〇兆円を超えていました。「失われた一〇年」の間、政府が多額の公的資金を注入するなど、不良債権の処理に苦しんでいたのです。しかし、その処理はすでに終わり、バランスシートは欧米が羨《うらや》むほど真っ白です。

一足先に「掃除」を終えている上に、サブプライム危機で抱えた不良債権も小規模で済んでいます。IMF資産報告によれば、国内の邦銀が抱えた不良債権の総額は、アメリカの一八分の一、欧州の八分の一に過ぎません。

欧米はこれから当分、銀行も企業も家計も、返済に苦しまなければならず、需要拡大どころではありません。しかし、同じデフレでも唯一、日本だけは、需要拡大に向かう準備ができているのです。

20 デフレ期の成長ビジネスはどれも日本の「お家芸」

低金利の時代に有利な産業とは？

かつてないデフレ経済で世界の需要が縮小している状況ですが、すべての産業が低迷してしまうわけではなく、デフレ期にはデフレ期なりに成長可能な産業というものも存在します。その最《さい》たるものがインフラ産業です。

デフレ期は、金利が低下して資金調達が容易になり、公共投資を中心とする政府支出が拡大します。公益事業に従事する企業にとっても同様に低金利で資金調達でき、大規模投資を行う絶好のチャンスになります。

高金利を利用した金融ビジネスがインフレ・ビジネスの代表格なら、低金利を利用するインフラ産業がデフレ・ビジネスの代表格です。

インフラ産業は、具体的に、道路、橋梁《きょうりょう》、鉄道路線、港湾施設、上下水道や電気、ガス、通信といったライフラインなど、国民生活と産業発展の基盤となるインフラストラクチャーを整備し、管理運営する産業です。

このインフラ産業のノウハウを世界で最も備えている国はもちろん、他でもない日本です。

日本企業には高度成長時代から積み重ねられ、バブル崩壊後の「第一次デフレ期」にも真価を発揮した技術とビジネスノウハウが存在しています。

さらに国内でインフラ整備が進み、成熟していくことで、それ自体が強固な競争力を持った「輸出産業」になっていくことになります。

強い輸出競争力を持つ「新幹線」

わかりやすい例が高速鉄道、世界に誇れる日本の「新幹線」でしょう。

高速鉄道事業で競合国となっているのは、フランス、ドイツ、スペイン、新規参入を狙う韓国、中国などですが、最大のライバルであるフランス高速鉄道システムのＴＧＶが、韓国でミソをつけたこともあり、新幹線の独壇場《どくだんじょう》になりつつあります。

車両の性能だけでなく、交通網が異常に発達した国内で培《つちか》った運営ノウハウは、他国の追随を許しません。

鉄道網が未発達のアメリカでは、各地で高速鉄道計画を進め、日本の新幹線やリニアを走らせる計画がいくつも

日本のインフラ産業は、強力な輸出産業

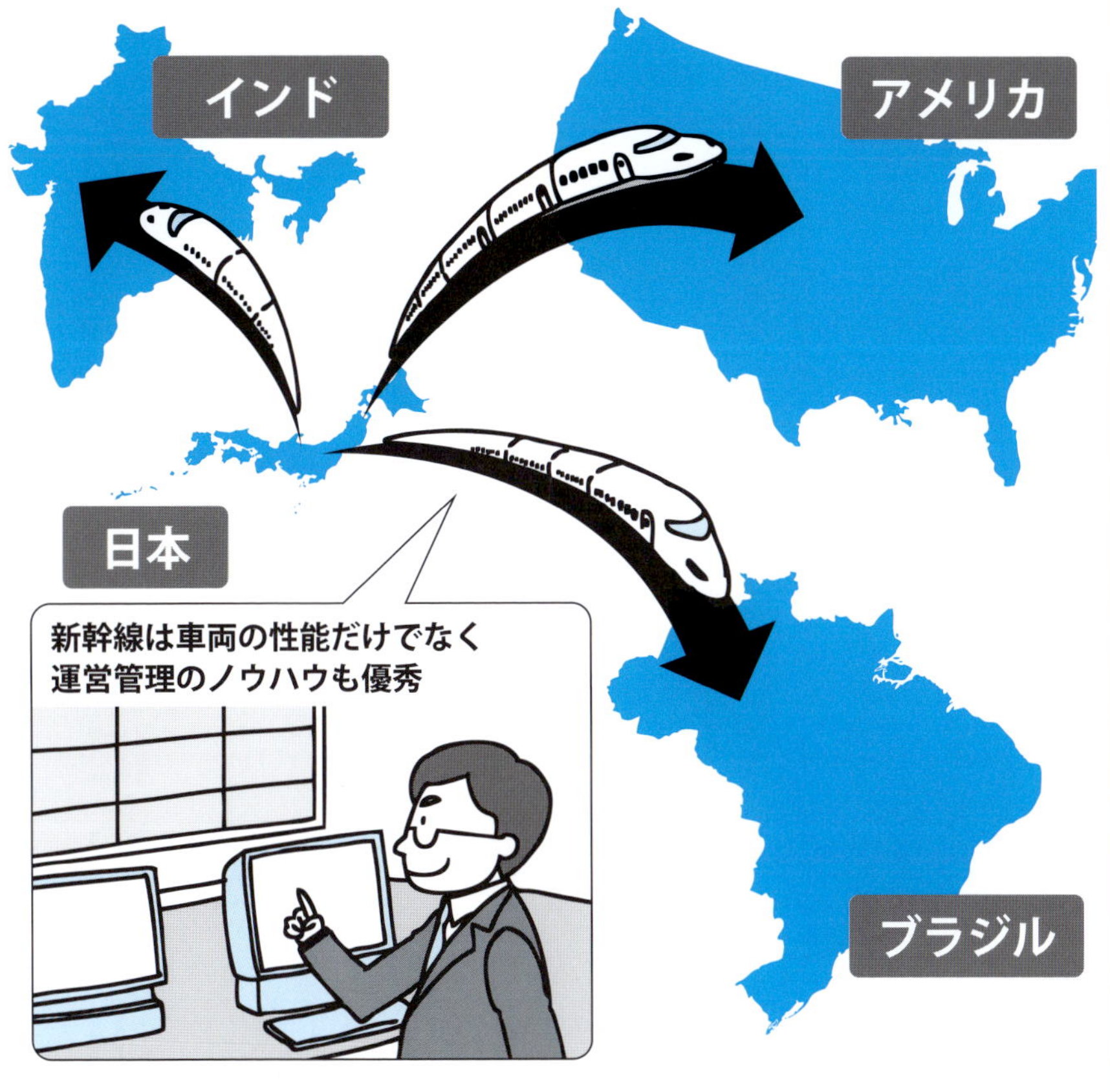

進んでいますし、他にブラジル、インド、イギリスなど、世界各地で事業計画が浮上しているのです。

アメリカなどは、鉄道の運営ノウハウすら持っていませんので、車両を売るだけでなく、運営管理も含めて日本企業が請《う》け負《お》うことになり、さらにビッグ・ビジネスというわけです。

特に新幹線は、コンピュータ・システムなど関連分野も非常に多いので、海外から受注した場合、日本経済への波及効果もかなり大きいでしょう。

他にも高い技術とノウハウを持ったインフラ産業は数多くあります。

技術力の高さが強みの日本にとっては、どれも得意分野のひとつ。各国がこれからノウハウを蓄積しなければならない中、日本だけが悠々と、デフレ・ビジネスを推進していくことができるのです。

21 日本の内需は国の「外」にも生み出すことができる

麻生内閣が打ち出したODA公約

インフラ産業の日本企業にとっては、世界的なデフレはむしろ好都合《こうつごう》なものです。世界中の政府がこぞって財政支出を拡大し、公共事業に投資しようとしているのですから、目の前にビジネスチャンスがゴロゴロと転《ころ》がっている状態です。

とりわけ日本と関係が深い東南アジア諸国は、ドイツや中国をも上回る外需依存国ばかりです。

外需依存が高いということは、それだけ内需拡大の余地が多くあるということでもあり、東南アジア諸国にとっては、内需拡大のためのインフラ投資が非常に大切な意味を持ちます。

二〇〇九年一月、当時の麻生太郎首相が、スイスのダボスで開催された世界経済フォーラムにおいて、アジア各国の成長促進を目的とした一兆五〇〇〇億円のODAについて公約を発表しました。このODAがアジアの発展途上国における公共事業、インフラ投資に提供されることになります。

タイは日本から六三〇億円の円借款が供与され、首都バンコクの地下鉄網整備事業計画が進められています。日本は資金だけでなく、技術や施工も提供することで、タイの内需拡大をサポートしていくことになります。また、地下鉄建設によって、バンコクが抱えていた深刻な交通渋滞、大気汚染という二つの大きな問題も緩和《かんわ》されると見られています。

「ヒモ付き援助」と批判するのは筋違い！

日本が資金提供する以上、そして、世界で最も高い競争力を持っているのが日本のインフラ産業である以上、日本企業が受注するのは必然です。

日本政府がお金を出し、日本企業が受注し、施工する。もちろん雇用されるのは大半がタイ人でしょうが、プロジェクト管理は日本人が担当せざるを得ないでしょう。

これはもう、ほとんど国内の公共事業と同じです。ODAによって、日本の国外に「内需」が生み出されたことになります。

「日本は内需拡大できない。外需に頼

■ODAで日本国外に「内需」が生み出される！

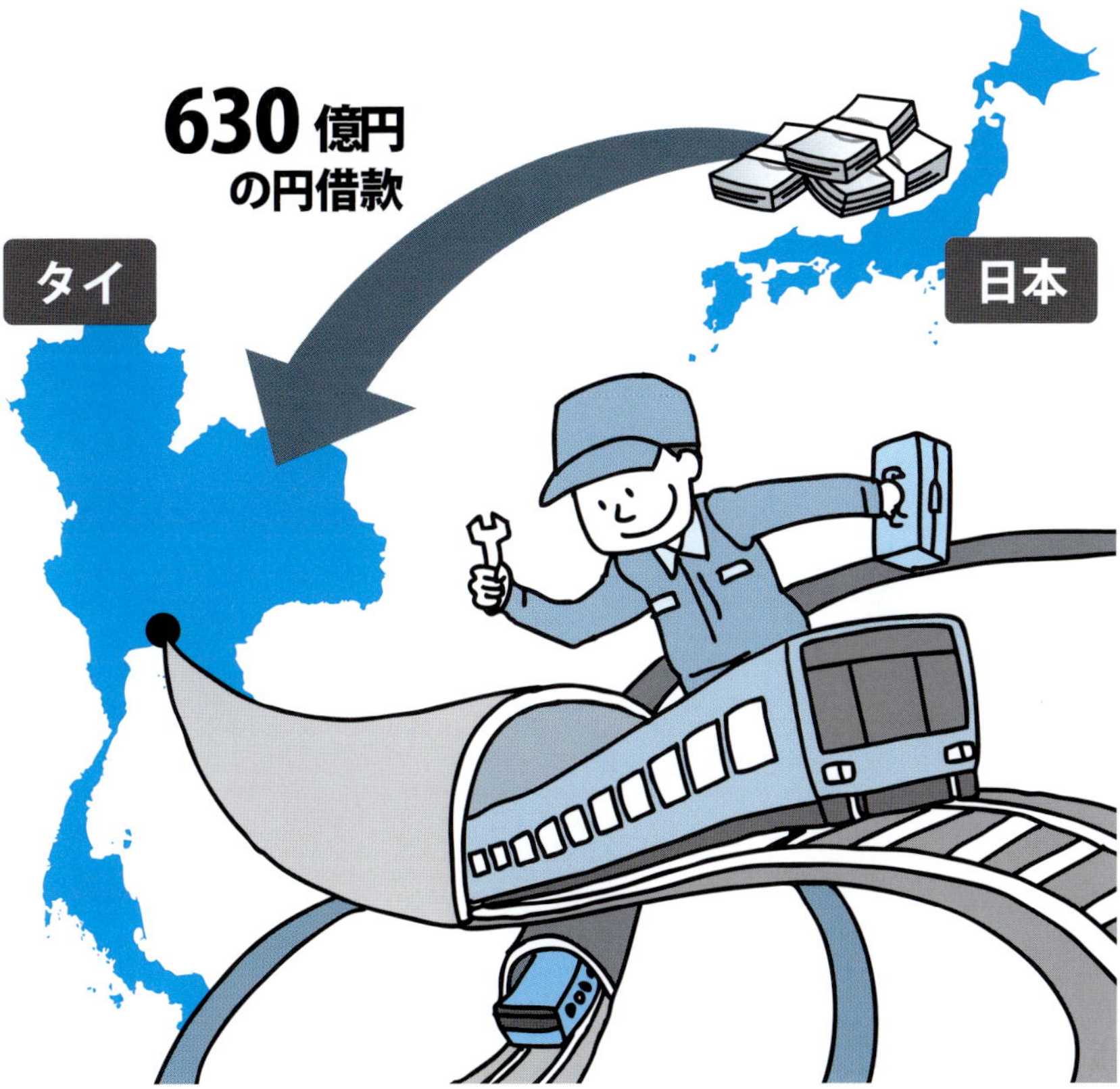

るしかない！」という主張をよく耳にしますが、日本の場合、「外需に頼る」どころか、「外需を内需に変える」ことができてしまうのですから、何の問題もありません。

　日本がタイのインフラ事業で内需を生み出し、日本が作ったインフラで供給能力を上げたタイも、内需を拡大する。両国とも万々歳《ばんばんざい》でしょう。これを「ヒモ付き援助」などと批判するのは筋違いです。

　実際、日本の「ヒモ付き援助」で産業インフラを整えた韓国、台湾、そして中国は、今や日本を脅《おびや》かすほどの経済発展をしているのですから、発展途上国は大歓迎のはずです。

　そしてもちろん、東南アジア以外にも「外にある内需」を生み出せる国はたくさんあります。

　デフレ・ビジネスによって、まだまだ「内需拡大」できる可能性が、広がっていくのです。

22 「円高で日本の輸出企業は壊滅」は大間違い

通貨高で破綻した国はない

サブプライム危機以降、円高は歴史的な勢いで高値更新を続けています。確かに円高は輸出企業にとって脅威となりますので、円高防止のための為替介入が実施されましたが、これもまた馬鹿げた話です。

どうしてそのような愚策に走るのかと言えば、「外需依存国家である日本は、円高の影響で輸出企業が壊滅し、経済破綻する」というロジックが、まるで定説のように流布《るふ》されているからです。テレビも新聞も、円高に関する報道はどれもこれも危機感でいっぱいです。しかし実はこのロジック、あきれてしまうほど間違いだらけなのです。

まず「日本は外需依存国家である」という前提がすでに大きな誤解です。追って詳しく説明しますが、日本が「輸出立国」だったのはわずかな期間だけで、現在は他国と比較しても外需に頼らないモデルになっています。

「円高→破綻」という結論も問題外。何しろ、これまで通貨暴落で破綻した国は山のように存在しますが、通貨高で破綻した国など、歴史上一つも存在していないのですから。

そもそも、現在の日本が円高に悩んでいるのは、デフレが深刻化しているためです。物価変動率を考慮した実質的な金利を「実質金利」と呼びます。実質金利は、以下の式で計算することができます。「実質金利＝名目金利－期待インフレ率」。デフレの国は期待インフレ率がマイナスであるため、名目金利に「プラス」され、実質金利が高くなってしまうのです。日本の物価上昇率は主要国最低（何しろデフレです）であるため、名目的な金利は低くても、実質的な金利は諸外国より高くなっています。結果、金利が高い日本円が買われ、円高が進むのです。

デフレを解消すれば円高も落ち着く

実のところ、デフレと通貨高は「同じ現象」の表裏に過ぎません。国内のモノやサービスに対して通貨の価値が「上昇」することがデフレ（物価下落）であり、外国通貨に対して国内通貨の価値が「上昇」するのが通貨高という

日本・アメリカ・ユーロのマネタリーベース推移（07年1月=1）

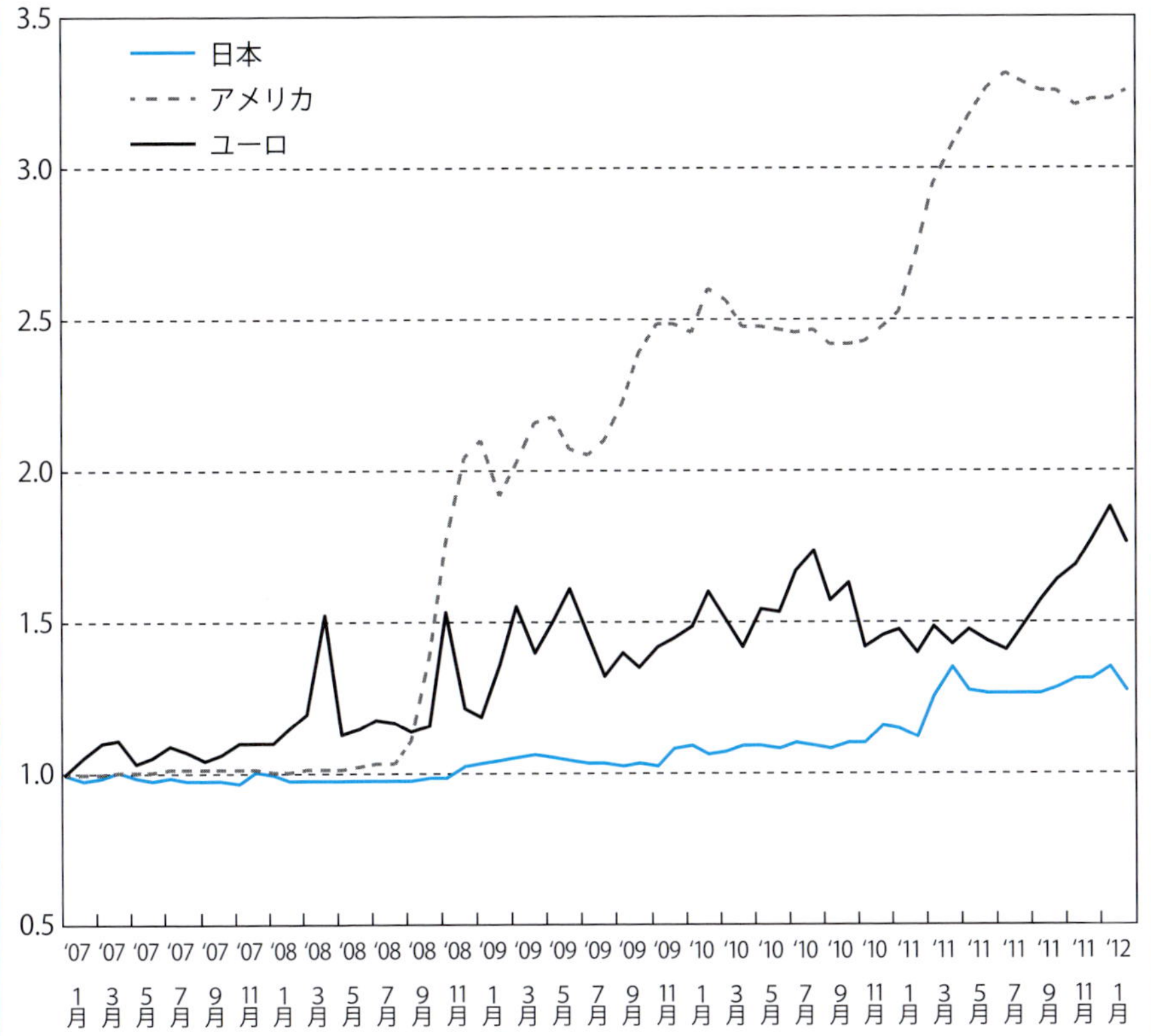

出典：日本銀行、FRB,ECB

話です。日本は今、デフレだから円高になっているわけで、「デフレで円高」なのではないのです。日本のデフレを解消すれば、円高も落ち着きます。

ところが、日本銀行は欧米などと比較し、マネタリーベースを増やそうとしません。本来、日本銀行が国債を買い取る形で日本円の通貨を発行し、それを政府が公共事業などの財政支出に使えば、日本はデフレから脱却できるはずなのです。しかも、日本がデフレから脱却すれば円安に振れるため、輸出企業も助かります。

ところが、日本銀行はＦＲＢやＥＣＢと比較してさえ、通貨を発行しようとせず、日本のデフレと円高が進行しています。本来、適切な「為替対策」はデフレ脱却なのですが、なぜか日本政府や日本銀行は正しい政策に背を向け、効果のない為替介入を繰り返しています。無意味な為替介入ではなく、デフレ脱却こそが必須なのです。

23 資本財輸出が中心の日本は円高に強い

自動車などの輸出は全体の二割以下

本来、日本の輸出製造業は通貨高に対して強い構造を持っています。多少の円高で大打撃を蒙《こうむ》るほど脆弱《ぜいじゃく》なものではないのです。

その理由は、日本の輸出産業の中心が「資本財」だという点にあります。「消費財」が輸出の中心である韓国や中国と比べ、為替に影響されにくい、という意味で「強い」のです。

日本の輸出品は何かと聞かれると、大半の人は「自動車」「家電」などを思い浮かべるでしょう。確かに、その二つのイメージが強いので無理もありませんが、実際には、そうした耐久消費財ではなく、「資本財」が中心なのです。グラフを見ると、日本の輸出総額の七割以上が「工業用原料」と「資本財」で占められています。皆さんがすぐにイメージし、マスコミも円高のニュースになると決まって「日本の生命線」であるかのように心配を始める自動車などの輸出は、全体の一八パーセント程度を占めるに過ぎません。

資本財とは、機械や装置などの工場設備や、精密部品など、最終消費財の材料となる財のことです。わかりやすく言い換えれば、一般消費者が購入するものが「消費財」で、それを生産するために企業が購入するのが「資本財」です。なぜ「資本財」が中心だと通貨高に強いのかというと、それらの競争力が「価格」によって左右されにくい、という特徴を持っているからです。

つまり資本財は、主に品質を理由に購入されているということです。

輸出企業の苦境が意味すること

資本財を用いて消費財を製造する企業は、自社製品の品質に影響してくるわけですから、品質で資本財を選ぶのは当然のことです。自動車や家電のように「あっちのメーカーのほうが安いから」という理由だけで、簡単に買い替えるわけにはいかないのです。

ですから、外国の企業が日本の消費財メーカーからの購入を一度決定すると、よほどのことがない限り継続して購入するのが普通です。円高で価格が高くなっても、購入し続けるより他にないのです。

商品別輸出　2005-2010

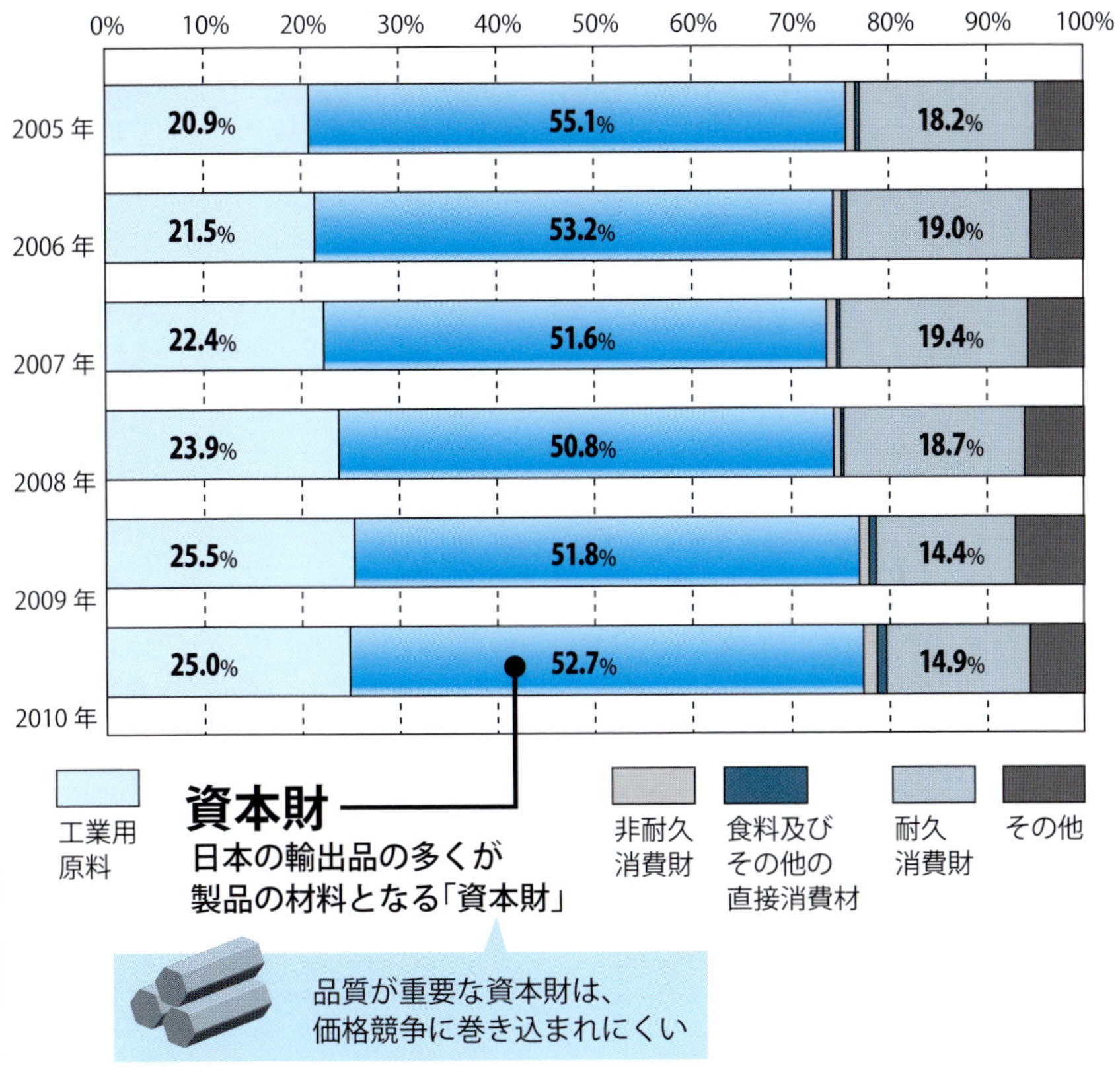

出典：JETRO

多少円高でも海外企業は日本の資本財を選ぶ。それはやはり、日本が長年蓄積してきた技術力の高さがあるからでしょう。日本の製造業は揺るぎない信頼を世界から得ているのです。

とはいえ、日本の輸出企業が苦境に立たされているのは、紛《まぎ》れもない事実です。ただそれが「円高だから」という単純な理由だけではないことも理解しておいてください。

日本の輸出企業がピンチなのは、ただただ世界的な経済危機による外需の縮小が原因です。需要がないので売れない、という実に単純な話です。

現在はアメリカまでもが「輸出を倍増する」などと宣言し、世界中で外需の奪い合いが起きています。日本は今こそ正しい政策でデフレ脱却を果たし、内需主導の成長力を取り戻さなければなりません。そうすることが世界経済のためでもありますし、日本がデフレ脱却すれば円高も解消に向かい、耐久消費財のメーカーも助かります。

24 日本は「輸出依存国」などではない

輸出依存度はGDP比で一三パーセント

急激な円高が危機感を持って報じられるのは、ご承知の通り、日本の輸出産業が大打撃を受けるからです。そして、「日本は輸出しなければ経済が成り立たない輸出依存国なので、このままだと破綻する」という理屈が、まことしやかに語られています。

「輸出依存国の日本は、国際競争力を高めてグローバル市場を勝ち抜かなければ、いずれ国が滅ぶ」

などと、やたらグローバリゼーションや自由貿易に固執《こしゅう》する人もたくさんいます。

とにかく「日本は輸出依存国である」が大前提になっているのですが、その前提からして大きな勘違いであるということを、あらためて説明します。

主要国の輸出依存度を比較したグラフを見ると、日本の輸出依存度がかなり低いほうのグループに属しているのがわかります。「輸出依存度」は、財の輸出が名目GDPに対してどの程度の割合かを示すものですが、日本はわずかに一三パーセント。アメリカ、ブラジルに次いで低い数値になっています。

一方、韓国はおよそ四六パーセントと、主要国の中では飛びぬけて高くなっています。「輸出依存度が高い日本と韓国は」という具合に、並べて語られることが多い両国ですが、これほどまで違うのです。

韓国は輸入依存度も非常に高く、輸出入を合計した貿易依存度は八八パーセントに達します。

アドバンテージを手放す必要はない

念のため説明しておくと、GDPに計上されるのは「輸出入の総額」ではなく、輸出から輸入を差し引いた「純輸出」ですので、「貿易がGDPに占める割合」とは少し意味が違います。たとえ「純輸出」がほんのわずかだったとしても、たくさん輸入してたくさん輸出すれば、「依存度は高い」ということになります。したがって貿易依存度が一〇〇パーセントを超えるケースも出てきます。たとえばシンガポールは貿易依存度が二九七パーセントと、GDPの三倍にまで達しています。

主要国の輸出依存度、輸入依存度　2010年

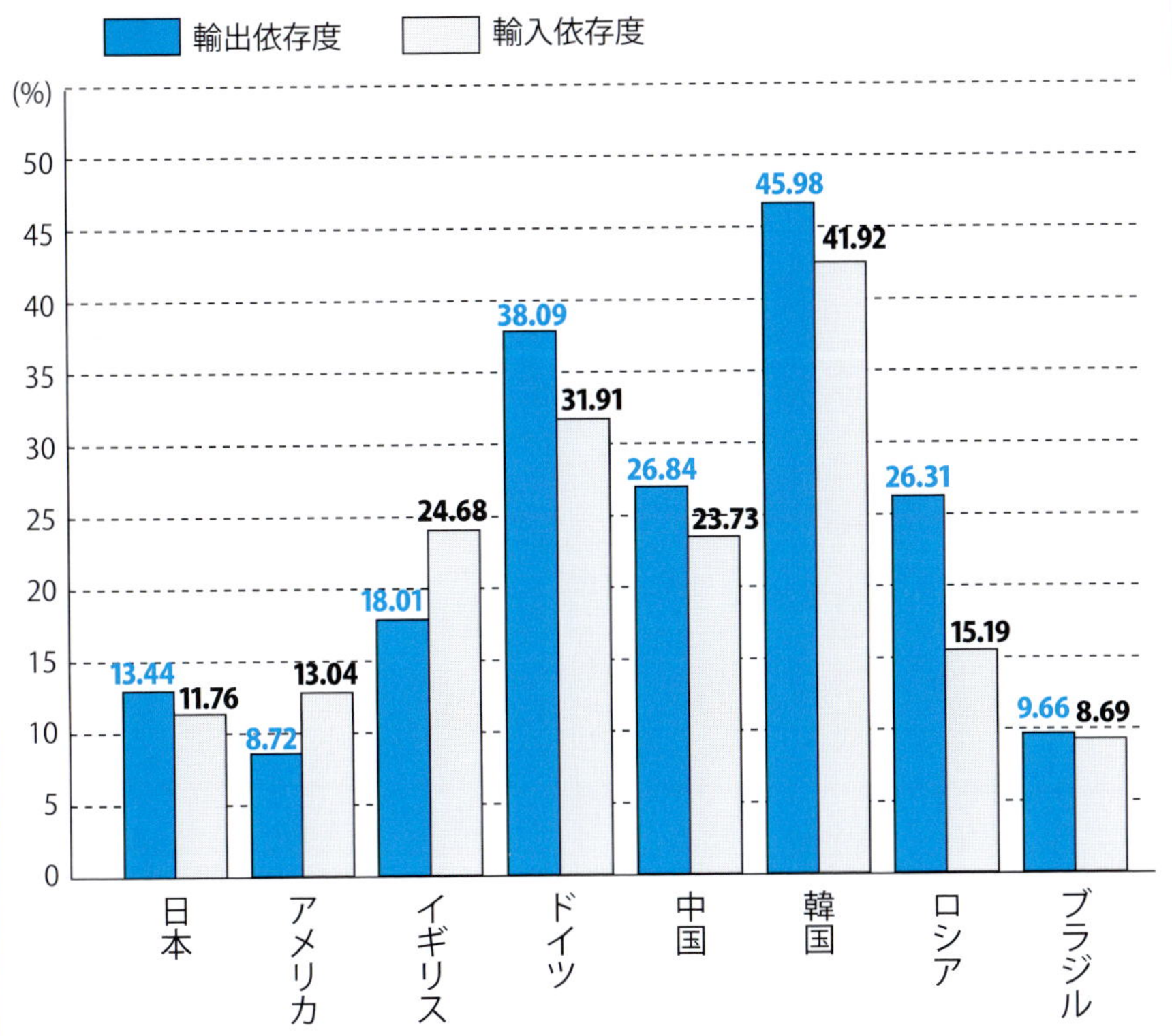

出典：JETRO、内閣府、財務省
※輸出依存度＝財の輸出÷名目 GDP、輸入依存度＝財の輸入÷名目 GDP で計算

韓国も、基本的に資本財を輸入し消費財を生産して輸出する構造になっていますので、必然的に依存度が高まっているわけです。

そこまで依存度が高ければ、なるほど、グローバリゼーションや自由貿易を推進しなければ、国家の経済戦略を構築することは難しくなってくるでしょう。しかし、日本はまったく依存度が低いので、自由貿易を目指す必要はないのです。

誤解しないでほしいのですが、「輸出依存度」が低いから「日本の輸出産業を心配しなくていい」という単純なことが言いたいわけではありません。

輸出依存度が極めて高い韓国とはモデルがまるで違う以上、取るべき成長戦略もまったく違うものになって当然だ、と言いたいだけです。

グローバル化し、同じ条件で他国と横並びになって、せっかく日本が持っているアドバンテージを手放す必要はどこにもないのです。

25 日本はすべての供給能力が揃っている奇跡の国

日本製でないモノは？

前項で見た通り、日本は貿易にさほど依存しておらず、輸出依存国ではないと同時に、「輸入依存国」でもありません。

「輸出依存度が高い」ということは、相対的に「内需が小さい」ということであり、「輸入依存度が高い」は、「国内の供給能力が小さい」とも言い換えられます。

日本は国内に巨大な市場を持ち、高い供給能力を誇っています。だからこそ、さほど貿易に頼らずともやっていけるわけです。

そして、この供給能力の高さが、何より日本経済を支える原動力です。

私たちが毎日使っているモノは、どんなモノでも大半が日本製、もしくは日本企業が海外で生産した製品です。

もちろん外国製もたくさん入ってきていますが、私たちがそれらを使うのは、趣味や好みで選んだものであり、日本製がないから使っているわけではありません。ベンツを買う人は、日本に高級車がないから買うのではなくて、ベンツが好きだから買うのです。

日本製でないモノは、せいぜい大型旅客機や戦闘機くらいしか思い浮かびません。

よくよく考えてみると、ありとあらゆるモノが日本国内で手に入ります。日本という国は、資源さえ買ってくれば、それこそネジのようなバリューチェーンの上流部分の小さい部品から、最終生産財まで、すべて国内で賄《まかな》える国なのです。

日本は韓国に負けたのか

日本に住んでいると、当たり前過ぎて何とも思わないかもしれませんが、こんな国は例外中の例外なのです。

近年、韓国企業が世界を席巻《せっけん》していますが、韓国の場合は、生産するための資本財がありません。

あるにはありますが、その資本財を造るための資本財がないために、結局のところは日本から輸入しています。品質が良い日本の部品を使ったほうが、より良い製品を造ることができるからです。

そのために、前項で見た通り、韓国

韓国が輸出を増やすと、対日貿易赤字が増える

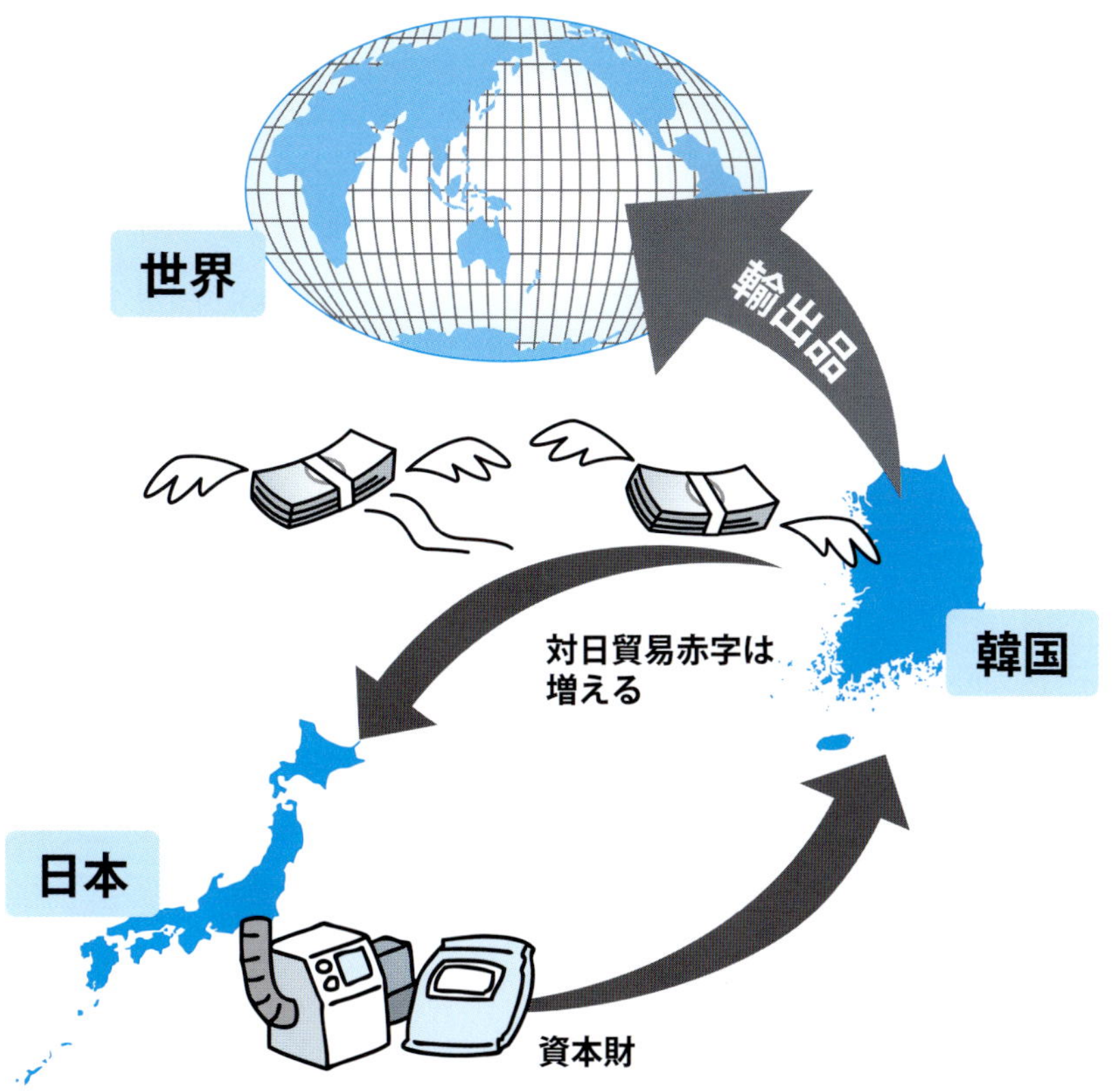

の貿易依存度は高くなっているのです。

したがって、韓国がどんどん輸出を増やす一方で、日本からの輸入も増え続けることになり、海外進出すればするほど、対日貿易赤字が増えるという構造になっています。

今回の大震災で、日本から輸入していた資本財の一部が途絶《とだ》え、その後の韓国企業の生産工程が止まってしまいました。自国で造れば一番良いのですが、いくら努力しても日本の資本財に太刀打《たちう》ちできる品質のものが作れず、日本製を使わざるを得ないのです。

「日本は韓国に負けた。日本はサムスンに学べ！」

と声を張り上げるのは勝手ですが、供給能力という点で見れば、やはり日本の優位は揺るぎません。

日本は、すべての供給を国内で賄える。これは、世界が驚く、奇跡のような事実です。

26 デフレ脱却の解決策ははっきりしている

デフレギャップを埋めるには

供給能力が巨大なのは喜ばしいことなのですが、現在の日本が抱える問題は、その供給に需要が追い付いていないことです。まさに、それこそがデフレの正体です。

グラフの左は本来の供給能力、つまり潜在的なGDP。そして右が需要、実際の名目GDPです。供給（モノやサービス）がたくさんあるのに、需要が少なく、余ってしまっています。このときに生じている供給と需要の差は「デフレギャップ」と呼ばれています。

逆に、需要が供給を上回っている状態、すなわち需要がたくさんあるのにモノやサービスが足りない、という状態のときには、インフレに向かうことになります。

日本のデフレギャップを埋めるには、何とかして需要を増やすしかありません。需要とはイコール名目GDPですから、つまるところ、停滞する日本経済を復活させるには、とにかくGDPを増やすことが必要になってきます。

供給能力を落としてはいけない

GDPとは、「政府支出」「民間投資」「純輸出」「個人消費」の総和です。民間の企業も個人も、不景気でお金を遣《つか》おうとしない以上、まずは「政府支出」を増やして需要が増えていくように仕向けなければならないわけです。

「これ以上需要が伸びないんだから、供給を減らせばデフレギャップがなくなるじゃないか」などという話ではありませんし、間違ってもそんなことをしてはいけません。

供給能力が落ちるということは、各地の工場がどんどん閉鎖し、働いていた人たちが次々に解雇されていくということです。そうなれば景気はますます落ち込み、需要も一緒に下がり続けていきます。工場閉鎖、解雇の嵐はますます激しくなり、流通も滞《とどこお》って、供給能力はさらに落ち、という具合に、需要も供給も、互いに引きずられるようにして縮小していくことになります。

巨大なデフレギャップを放置したまま景気が悪化していくと、必然的に、そうした恐ろしい悪循環に落ち込んで

デフレギャップを埋めることが重要

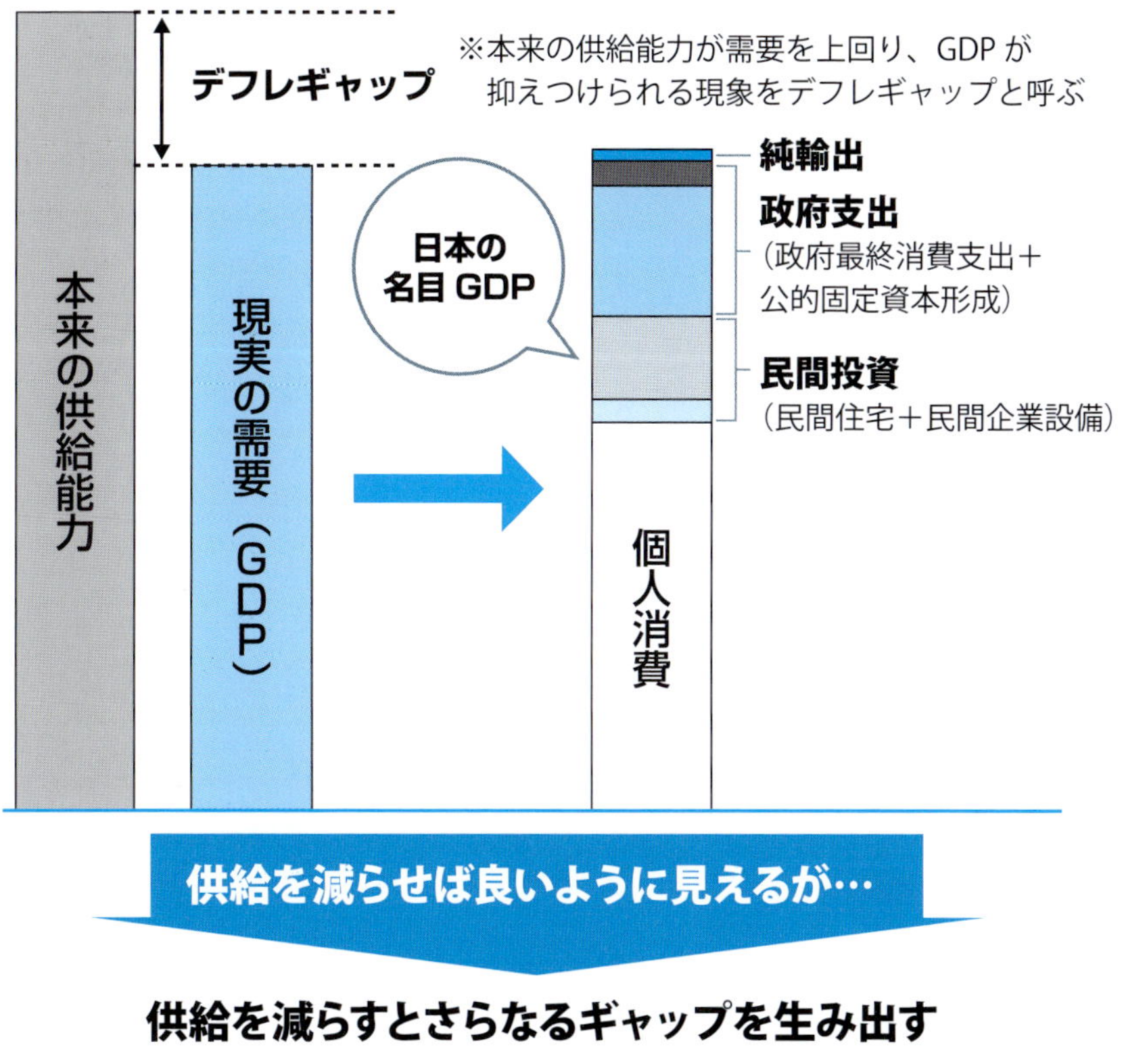

しまう危険があります。それだけは、絶対に避けなければなりません。

人間は食べなければ生きていけませんので、需要ゼロになるということはあり得ず、少なくとも国民全員が食べる食料の分だけは、需要が残ります。それ以上に供給が減ってしまったとき、まさしく国家は「破綻」します。

ソ連崩壊後のロシアでは、人々が食料を求め、店の前に長い長い行列を作っていました。あれこそが国家崩壊を象徴する光景なのです。

日本には過剰なほどの供給能力があり、そのような「破綻」からは最も遠い国です。そして、何度も言うように日本の家計が世界最大の現預金を持ち、政府は世界最低水準の金利で容易に資金を調達できるのですから、需要も上げていくことができます。

デフレ脱却の解決策ははっきりしていますし、解決策を実行に移せるだけの力が、日本には十分備わっているのです。

27 増税などしなくても日本は必ず復興できる

世界一お金を調達しやすい国

政府は復興を名目に増税路線一本やりですが、増税をして消費を冷え込ませ、さらに景気を悪化させるようなマネをして、一体どうしようというのでしょうか。すでに説明したように、日本は「世界一お金を調達しやすい国」なのですから、ただインフラ整備のための公共事業拡大を決断すればよいのです。

東日本大震災の被害総額は二〇兆円とも三〇兆円とも言われています。「GDPの五パーセントが失われた」と騒がれることもあるのですが、誤解のないように説明すれば、大震災によって破壊されたのは、建物や港湾、鉄道など、供給を生むための生産資産、いわゆるストック、国富であり、GDPとは関係がありません。被害総額が国富に占める割合は一・一パーセント程度に過ぎません。

だから大したことはない、などと言うつもりはもちろんありません。失ったものはあまりにも大きく、復興に時間がかかるのは確かです。失われた国富を元に戻し、新たに付加価値を生む設備を作り出す必要がある。そのためにまず、投資をしなければなりません。これはつまり、GDPを膨らませる話になるはずです。

したがって、「震災によって日本経済はさらに大打撃を受ける」という言い方は、必ずしも正しいとは言えないわけです。

生産資産をバージョンアップ

歴史的に見ても、大震災の後は、必ずと言っていいほど経済成長率が高まります。GDPの成長がそのまま経済成長なのですから、よくよく考えれば当たり前の話です。街が破壊されても、残された人間たちは生きていかなければなりません。ですから必ず「立て直し」に向かうことになり、そのためには、どうしたってお金を遣わなければならないのです。

そして、破壊された工場を新しく立て直すなど、生産資産がリニューアルされれば、将来の供給能力は今まで以上に向上するはずです。工場設備から住宅まで、最新の技術で進化したもの

大震災は日本経済復興のチャンス

に換えてしまえば、必ずそうなります。交通網を整備し直せば、流通もさらに発達するでしょう。ポジティブに物事を捉えるなら、大震災は、生産資産をバージョンアップさせるチャンスとも言えるわけです。

幸いなことに、日本にはその立て直しを成し遂げるだけの供給能力を十分に保有しています。現在のデフレギャップは数十兆円ですから、金額の上では、大震災の被害額三〇兆円分の供給はすぐに賄えるのです。

同時に、デフレギャップが埋まることで、デフレ解消に向かうことになるわけであり、景気は回復して、ふたたび日本は成長路線に立ち戻ることができるでしょう。

戦争の壊滅的な被害から立ち直り、見事な高度成長を遂げた日本人なら、できないはずがありません。

足を引っ張るだけの増税など必要ありませんし、やってはいけないことなのです。

28 日本はまだまだ内需拡大が可能

日本の道路整備は不十分

東日本大震災で、インフラの維持が国にとっていかに重要であるか、あらためて気づかされた人も多いのではないかと思います。被災地のインフラ整備は急務ですが、それ以前に、日本にはやらなくてはいけないインフラ整備はたくさんあります。まずは道路。

「日本のインフラはもう十分だ。道路はもう作らなくていい」

などというのは、とにかく公共事業を悪者扱いしたい人たちの、根拠のない妄想です。

世界各国の道路状況を比較して見ると、そのことがよくわかります。

グラフの通り、保有一万台あたりの指標では、日本の道路の長さは決して十分とは言えません。明らかに他国より見劣《みおと》りしており、むしろ不十分です。

日本は自動車を保有している割に、有効活用できていないのです。

また、制限速度八〇キロ以上の道路延長距離がこれだけ少ないという事実は、「モノを速《すみ》やかに運ぶ」という役割を果たせていないという意味で、国内物流の生産性を阻害《そがい》する要因になっており、経済的な観点で言えば「てんでお話にならない」レベルです。

宮崎県の高速道路は特にひどく、「ミッシングリンク（つながっていない箇所）」がやたらと多くなっています。したがって宮崎県の豊富な農産物を一般道で運ばなければならず、大消費地に出荷することが困難になります。農産物は鮮度が命ですから、スピーディな流通網がなければビジネスが成り立たないのです。このミッシングリンクが、宮崎県の低迷につながっています。

公共投資が必要な分野は多い

道路だけではありません。実は公共投資削減の影響で、メンテナンスできずに通行止めになっている橋梁が、国内に一二〇基以上存在しています。

橋梁やトンネルはいずれも寿命が五〇年と言われています。ここ数年のうちに、高度成長期に造られた数多くの橋、トンネルが寿命を迎えることになります。これらが通行不能になれば、その先にある村は孤立し、生活できなくなってしまいます。大震災直後の被

保有自動車１万台当たり道路延長距離

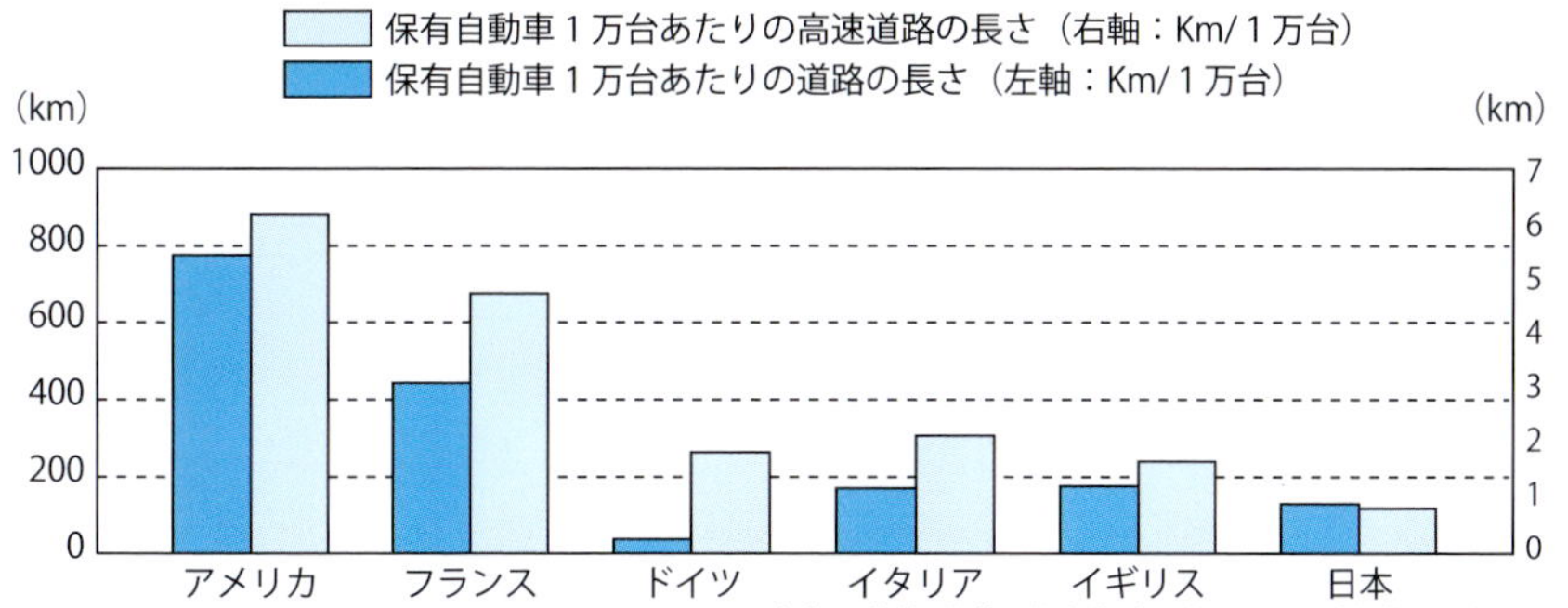

出典：藤井 聡「公共事業が日本を救う」（文藝春秋）より

宮崎県の高速道路ミッシングリンク

●九州の高規格幹線道路網図

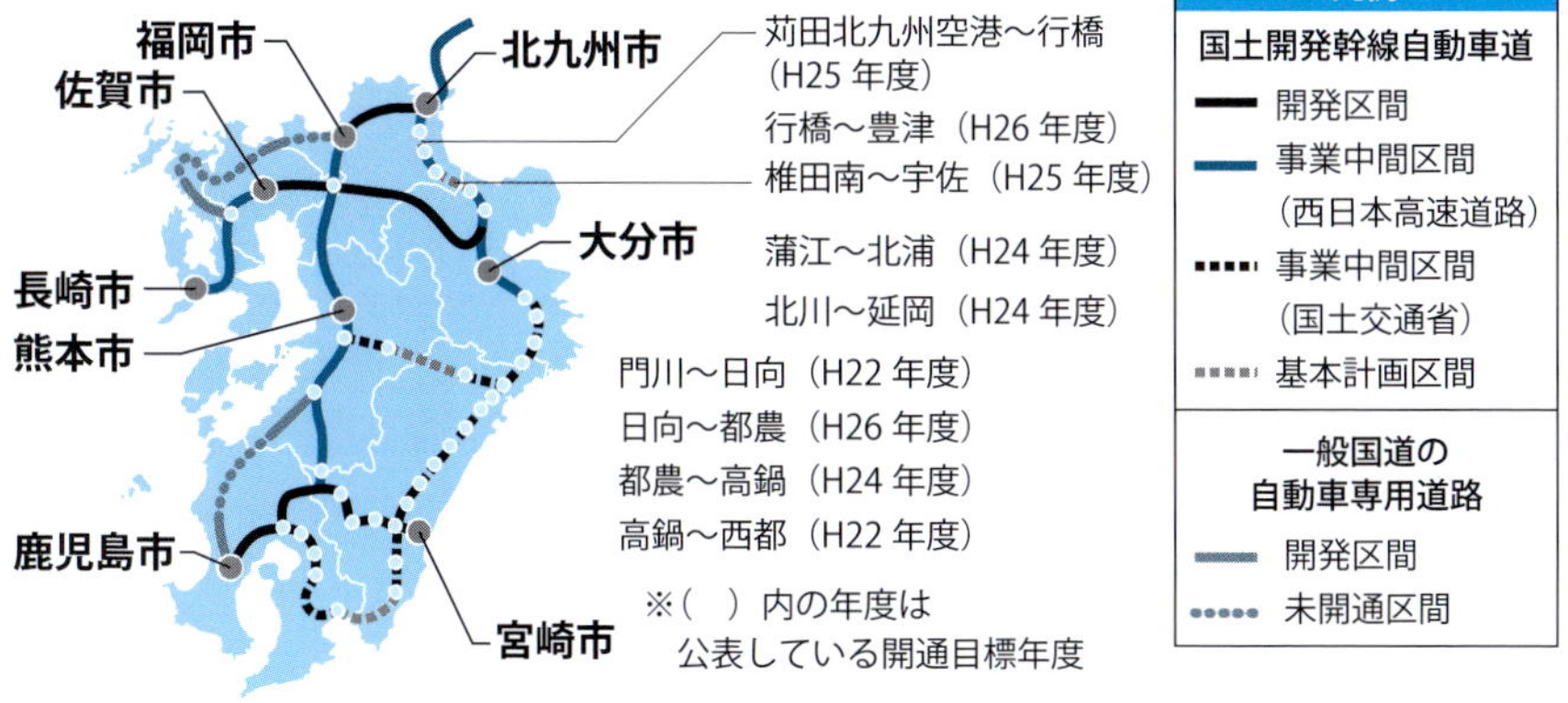

出典：宮崎県「九州の高規格幹線道路網図」

災地がそうだったように、モノが何一つ届かない、という事態になります。

復興のためだけでなく、まだまだ投資すべきものはたくさんあるのです。

ＪＲ東海の大英断によって始められたリニア新幹線事業も、経済活性化に大きな役割を果たすでしょう。高速鉄道網の整備によって、都市と都市はより短時間で移動できるようになり、同時に都市インフラも進んでいくことになります。当然ながら、波及効果は大きく、インフラ企業だけでなく、様々《さまざま》な分野で新しく需要が生まれていくことになるでしょう。

エネルギーに関しても、原発の見直しと資源の多様化のためには、太陽光発電などを始めとする様々な発電施設も必要ですし、環境都市「スマートシティ」計画もこれからです。

なのになぜ、「内需拡大はもう無理。経済成長も無理」などとあきらめなければならないのでしょうか。

29 他国を圧倒する技術大国・日本の高い技術力

黒字が拡大している特許等使用料

日本は随分前から「技術大国」と言われ続けており、日本の技術力が優れていることを疑う人は、さすがにいないようです。

38項で「オリジナリティこそ競争力の源」と述べますが、品質面で誰も手が届かない域に達した製品は、唯一無二の良質さを備えているという意味で、究極のオリジナリティと言えます。その良質さを生み出す技術力が国家の経済競争力を下支えしているのは、間違いのないところです。

技術力と聞くと、最先端の高度な科学技術や、町工場の匠《たくみ》たちが熟練した職人技で作る精密部品などを思い浮かべますが、もちろんそれだけではありません。文化やソフト資産なども含めた広範囲で、日本の卓越した技術力が発揮されています。手塚治虫から始まる漫画の表現技術の高度さも、同じように、日本の技術力の証《あか》しです。

経常収支の中の「サービス収支」には、その内訳として「特許等使用料」というものが含まれていますが、これは科学技術的な特許権の使用料の他に、商標権、意匠権、実用新案権、著作権使用料、さらに技術指導料などをも含めての特許等使用料です。

長い間、日本の特許等使用料の収支は赤字続きでしたが、二〇〇三年を境に、黒字に転じました。その後、黒字は拡大する一方です。

アメリカなど、ほんのわずかな国を除けば、世界に特許等使用料が黒字になっている国は、ほとんどありません。

期待されるリニア新幹線の実用化

マクロ的に見ても、日本の技術力の高さは明らかです。

20項でデフレ・ビジネスについて述べた際、新幹線の技術や運営ノウハウそのものを輸出していくビジネスモデルについて触れました。日本の技術力は、単純に手先が器用だとかいうだけの話ではなく、国内市場で熟成され、試行錯誤を繰り返して磨き上げられてきたものです。デフレ期で公共投資を増やせる今は、新たな技術を作り出すチャンスでもあります。

現在、リニア新幹線の開発が進み、

日本の特許等使用料収支　2004年～2011年

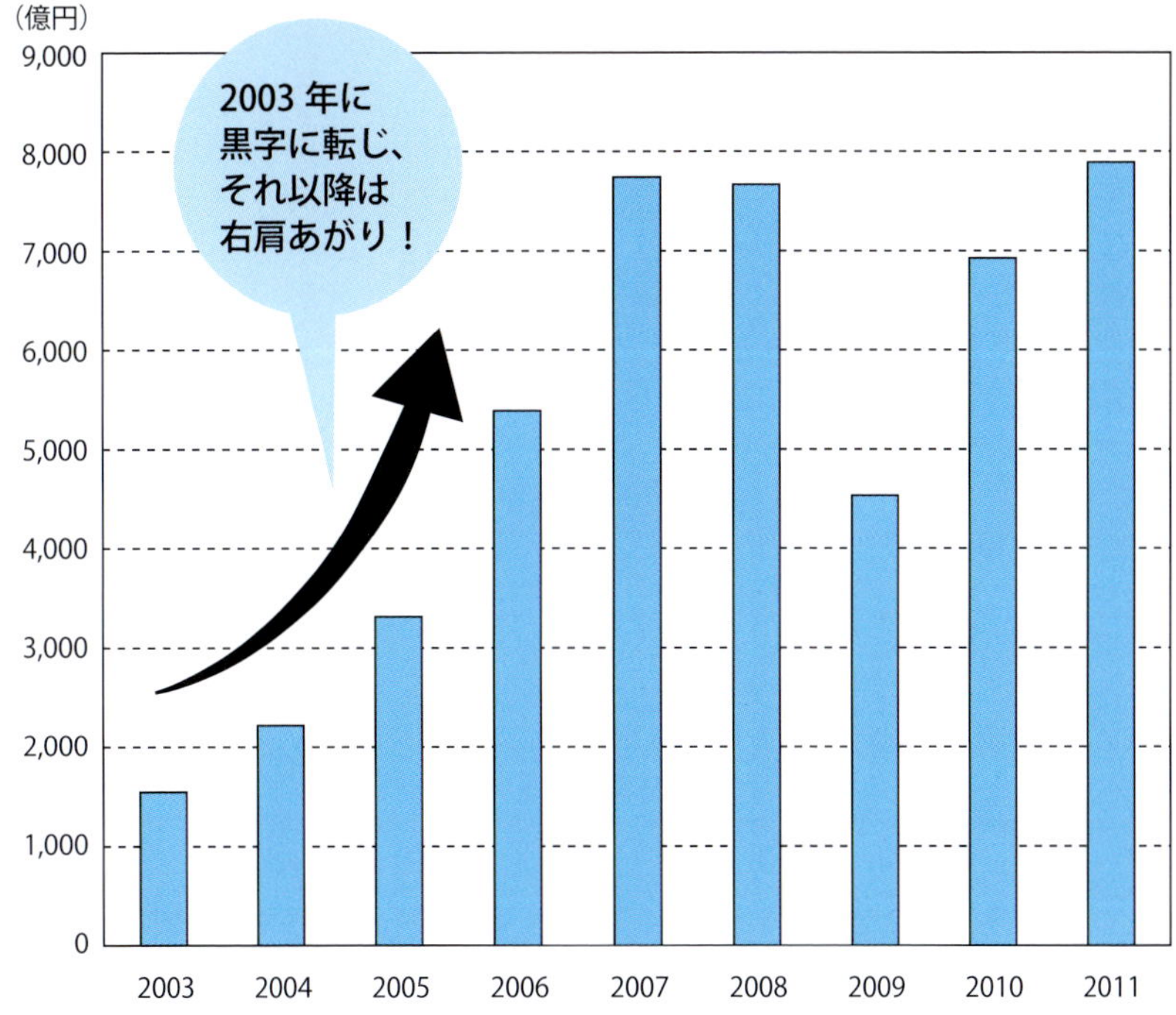

出典：財務省のデータから著者作成

あとは実用化するだけ、という段階にまで来ています。開通すれば、経済波及効果が大きいのはもちろん、世界に先駆けた長距離リニア技術を確立したという事実が、日本の将来に夢を与えることになるでしょう。

かつての新幹線同様、国内で運行され、技術やノウハウを磨き上げて海外に輸出していくことで、技術立国としての競争力をさらに高め、維持していくことができるのです。

すでにＪＲ東海が事業化を始めていますが、すでに現時点で、日本の技術力は他国を引き離し、事実上、日本以外に高度なリニア開発技術を持つ国はまだありません。中国が開発したと言い張っているようですが、あれは短距離向けの別物です。平気で事故車両を土に埋めてしまうような国に、開発できるわけがありません。

それはともかく、日本国内での実用化によって、さらに技術力の差が広がるのは確実です。

30 GDPを数十兆円規模で上回るGNI

「GNI《ジーエヌアイ》」というキーワード

　ここで「GNI」という耳慣れない指標の名が出てきました。これは「Gross National Income」の略で、「国民総所得」の意味です。GDPは「国内総生産」ですから、「外国からの日本の所得」が含まれていません。また、それとは逆に、「外国の日本からの所得」が含まれてしまっています。外国人が日本で働いて得た給与の分もカウントされてしまうわけです。

　したがって正しい日本の総所得は、GDPに「外国からの日本の所得」を加え、「外国の日本からの所得」を差し引いたものになります。それがGNIという指標です。

　もし「外国からの日本の所得」より「外国の日本からの所得」のほうが上回っていたら、GNIはGDPを下回ることになります。

　ところが日本のGNIは、GDPをなんと十兆円以上も上回っています。

　実は、この「GNI」が、「日本は破綻しない」理由を理解するための重要なキーワードとなっているのです。

　GNIがGDPを上回っているということはつまり、「外国からの日本の所得」のほうが「外国の日本からの所得」より大きいということです。

　では、この「所得」の中身は一体何でしょうか。

　たとえば日本人が外国で働き、所得を得れば、当然「外国からの日本の所得」にカウントされます。いわゆる「雇用者報酬」です。

　しかし、別に日本人がたくさん出稼ぎに行っているわけでも何でもありませんから、これはごくわずかな割合でしかなく、所得全体のたった一パーセントです。

莫大な対外資産からの「上がり」

　実を言えば、残りの九九パーセントはすべて、日本の対外資産からの「上がり」です。日本が外国に保有する工場からの配当金や、証券や融資などに支払われる利子です。

　日本は、この「上がり」が莫大《ばくだい》なのです。

　第1項で触れた「対外純資産が世界

日本の海外との所得のやり取りは14兆円の黒字（2011年）

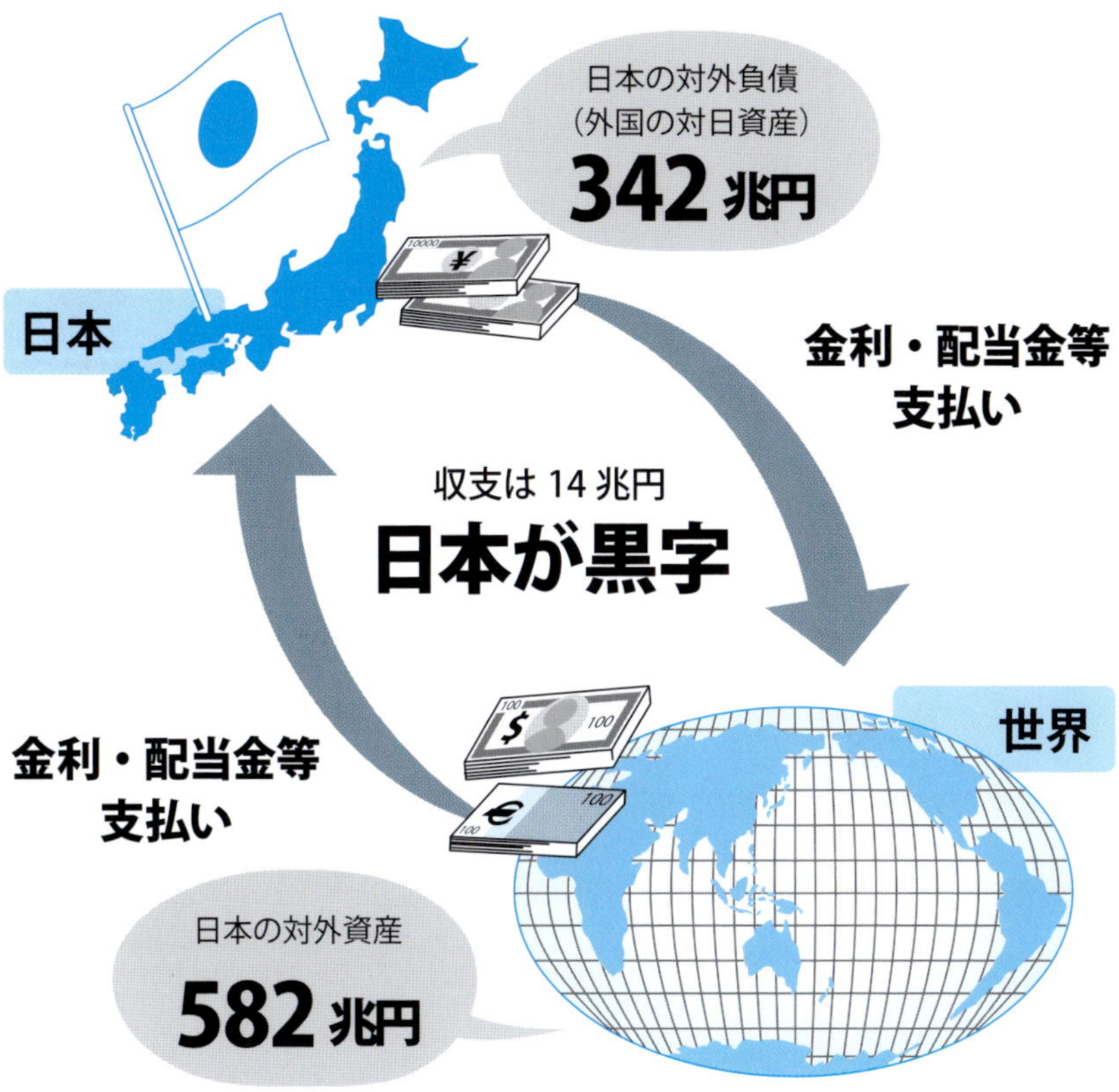

一の金持ち」という事実を思い出せば、納得できるでしょう。現時点で日本の対外純資産は約二四四兆円です。そして、二〇一一年に日本が外国から受け取った「金利・配当金・雇用者報酬等」は、支払った額より一四兆円大きくなっています。すなわち一四兆円の黒字です。

世界一の対外純資産を持っているために、ただ国内にいるだけで、アパートの家賃よろしく「上がり」が入ってくるのです。

そしてこれら海外からの所得は、国際収支の「経常収支」としてカウントされます。

この「海外からの日本の所得」がいつも大きな黒字となっているおかげで、万が一、貿易収支が大赤字を出しても、経常収支まで赤字になることはまずありえないのです。

31

日本の経常収支が赤字になるのは百年先

経常収支と貿易収支の違い

繰り返しますが、GNIの規模が示すように、日本の対外純資産と、それが生み出す「海外からの所得」がある限り、経常収支は延々《えんえん》と黒字が続いていきます。しかし、それでもまだ、経常収支の赤字に怯《おび》える心配性な方々は跡を絶ちません。

「経済危機と円高で輸出依存国・日本の輸出産業が壊滅したら、経常収支は大赤字になり、円は大暴落。そして日本は破滅」

そんなふうに、B級SF映画のシナリオみたいな爆笑ストーリーをひねり出してしまうのは、どうやら「経常収支」と「貿易収支」を混同しているためだと思われますので、先に「経常収支」について簡単に説明しておきます。

経常収支は「貿易収支」「サービス収支」「所得収支」「経常移転収支」の四つを合計したものです。

「貿易収支」はつまり「財（製品）」の輸出と輸入の収支です。これはわかりやすいかと思います。円高が続いて輸出産業に影響を与えているにもかかわらず、日本の貿易収支は、ずっと黒字のままです。

そして、「財」ではなく、観光や特許使用料、運搬、医療などなど、「サービス」の輸出入の収支が「サービス収支」となります。

「所得収支」は前項で説明した通り、雇用者報酬と対外資産からくる配当金等です。

「経常移転収支」は、外国との援助のやり取りに関する統計です。日本は援助国ですので、こちらは常に赤字になっています。

これらの合計ですから、貿易収支が赤字でも、他が極端に黒字なら経常収支は黒字になりますし、その逆もあることになります。間違っても「経常収支」＝「貿易収支」ではありません。

雪だるま式に黒字が増えていく

何度も言うように、日本の対外純資産は世界一です。すでに二〇年以上前からそうなっています。必然的に日本は、二〇年前から延々と、世界一の「所得収支の黒字」を得ている国ということになります。よって、貿易収支がど

■経常収支黒字・対外純資産増加・所得収支黒字の循環

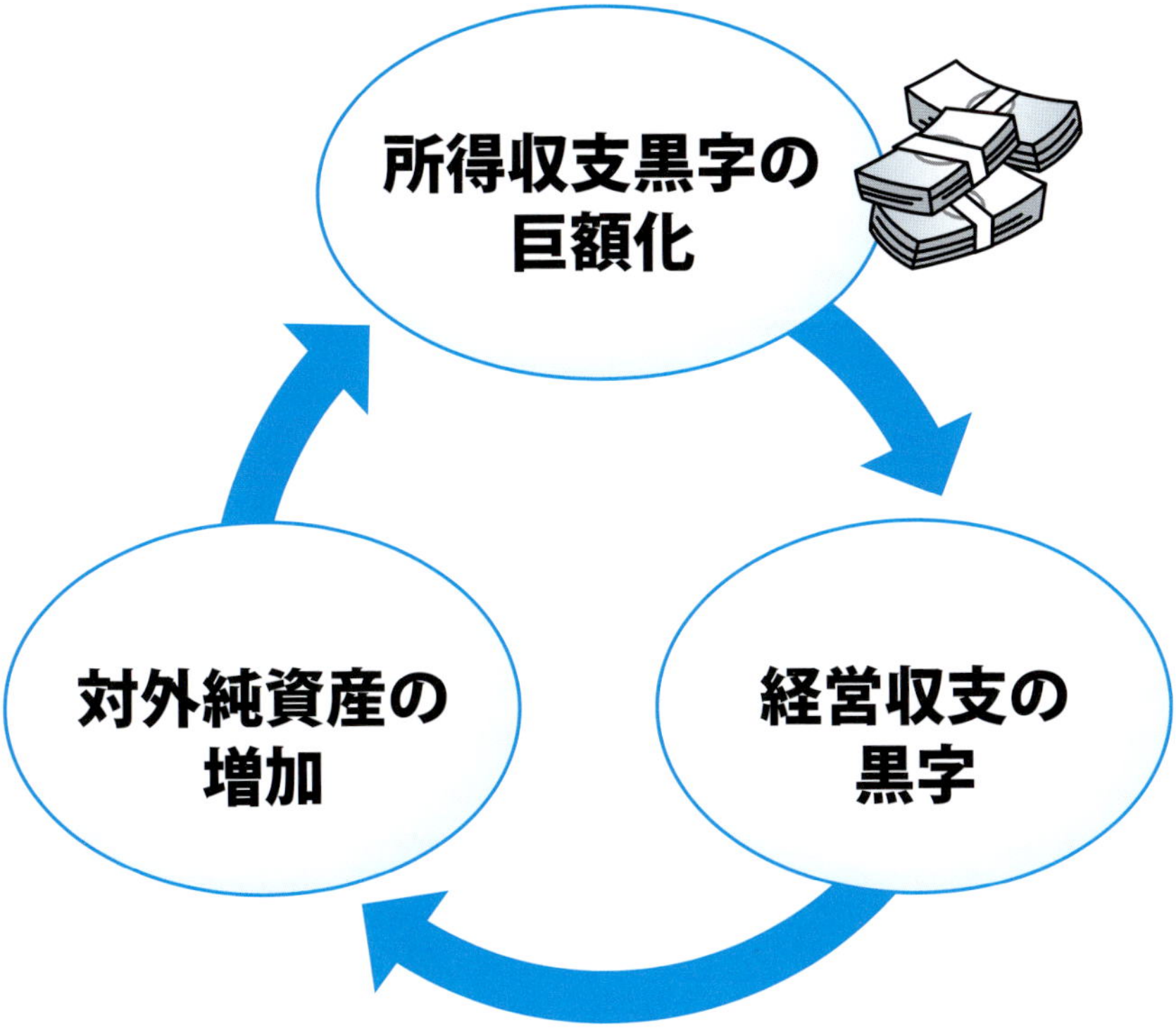

うあれ、経常収支の黒字は簡単に揺るぎません。単月では赤字になることもありますが、通年では必ず黒字になります。

では、経常収支が黒字になると、どうなるでしょうか。そうです。対外純資産が増えます。対外純資産が増えると、所得収支が増えます。所得収支が増えると経常収支はまた黒字になり、そしてまた対外純資産が増え……。

つまり、日本はこの素晴らしい循環に突入しており、雪だるま式に黒字が増えていくばかりなのです。

ですから経常収支が赤字になるなどと言うことはあり得ませんし、循環を続ければ続けるほど、ますます赤字の可能性がなくなっていくわけです。

もっとも、万が一、大赤字になって日本円が暴落したところで、日本の輸出産業が無敵になって、あっと言う間に黒字化するだけの話ですから、本当はわざわざ語るほどのことでもないのですが。

32 日本はGDPあたりのエネルギー効率が世界一

持たざる者の強み？

意外に知られていないことですが、日本のエネルギー効率は世界一です。同じGDPを稼ぐのにどれくらいのエネルギーを必要とするか、その指数をグラフ化したのが左の「GDPあたりの一次エネルギー供給指数」ですが、主要国は軒並《のきな》み日本より効率が悪く、アメリカは二倍となっています。

つまり日本は、アメリカの半分のエネルギーで同じGDPを稼ぎ出すことができる程度に効率がいいということです。

エネルギー効率が極端に悪すぎるのはロシアで、日本の一八倍ものエネルギーを要しています。国土が広大過ぎることや、資源産出国であるなど様々な理由が考えられますが、それを差し引いてもひど過ぎる数値です。

日本が宿命的に抱えている弱点は、資源の少なさだと言われていますが、とくにエネルギー自給率は、原子力を国産に含めた場合でも一八パーセントしかなく、原子力を除けば四パーセントにまで下がってしまいます。国内で消費されるエネルギーの九五パーセント以上を輸入に依存している状態です。

持たざる者であるがゆえの強み、という表現もできるかもしれませんが、日本は貴重なエネルギーの賢い使い方を身に付け、資源の少なさをカバーしているのです。

もし日本がロシア並みの効率だったとしたら、現在の一八倍ものエネルギー資源の大半を、輸入しなければいけなくなるわけで、想像しただけでゾッとしてしまいます。

少ないエネルギーで経済成長

ちなみにこの効率の良さは、必ずしも産業界のエネルギー効率の高さだけを示しているわけではありません。国家全体として、効率よくエネルギーを使って経済活動をしているということです。

その最大の要因は、おそらく鉄道を中心とする都市圏の交通インフラでしょう。無駄なエネルギーを使わず、多くの人々が移動でき、短時間で動き回ることができるのですから、効率が良

■GDPあたりの1次エネルギー供給量指数（日本=1）

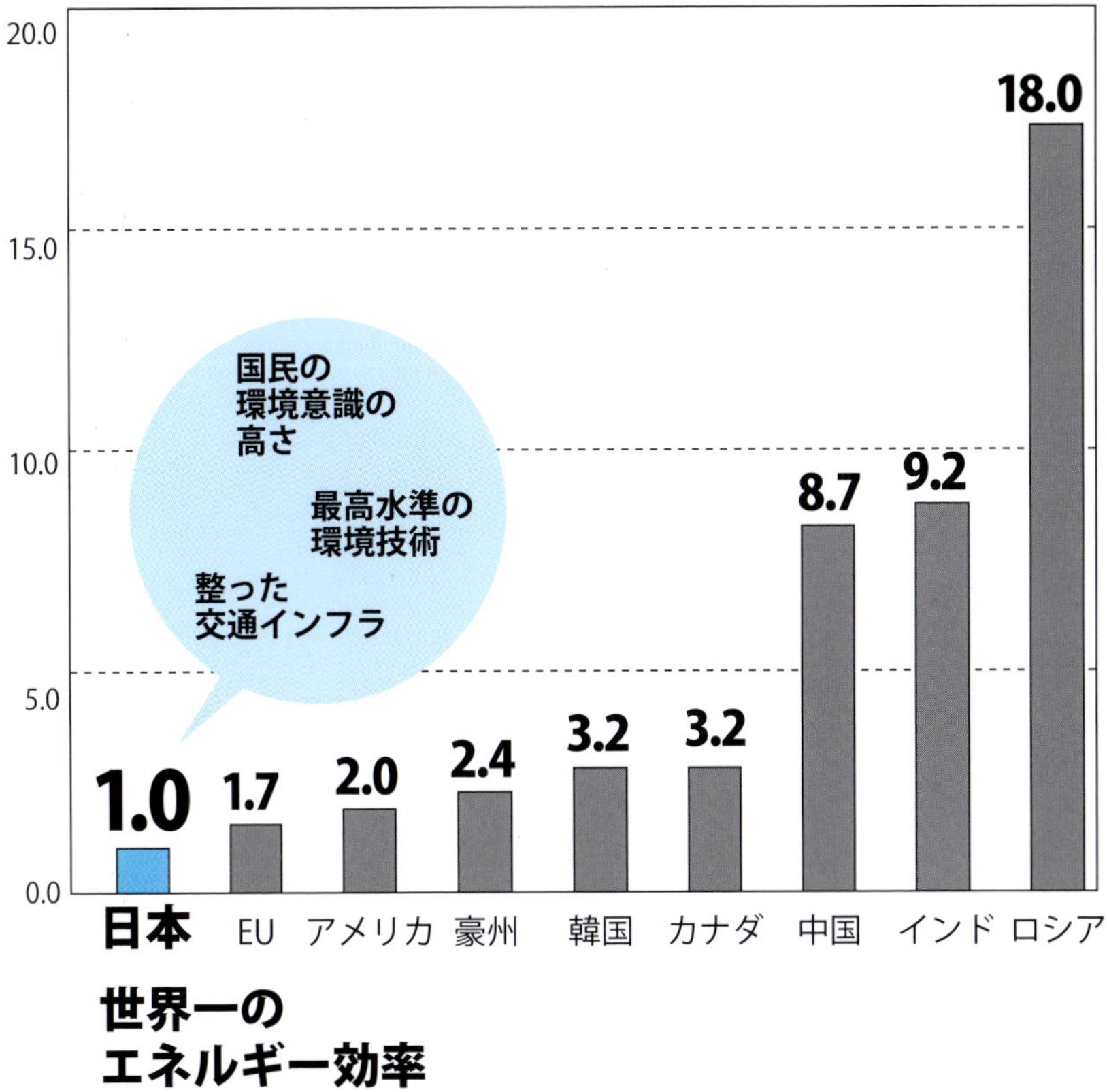

出典：経済産業省・資源エネルギー庁

くなって当然です。

今後リニアが整備されて都市と都市が結ばれ、さらに短時間での移動が可能になれば、効率の良さはさらに高まっていくことでしょう。

将来の日本は今以上に、少ないエネルギーで経済成長を成し遂げることができる最強の国になっているに違いありません。

それからもちろん、世界最高水準である産業界の環境技術と、その際《きわ》立《だ》った生産性、それに加えて国民一人ひとりの環境意識の高さなども要因の一つに数えられるでしょう。

そうした様々な要因は、やはり私たち日本国民がこれまで努力して積み重ねてきたものに違いありません。エネルギー効率が良いからこそ、ここまで豊かな国を作り上げることができたとも言えるわけですから、これは大いに誇るべきことではないでしょうか。

33 資源に乏しくても、豊富な資金力で買えば問題なし

日本のアキレス腱

いくら日本のエネルギー効率が優秀でも、やはりエネルギー資源そのものがなければ、経済成長どころの話ではありません。資源の確保は、日本が今後も抱えなければならない唯一にして最大の心配ごとでしょう。

本当に怖いのは、世界的にエネルギー不足が深刻化し、いくらお金を出しても資源を買えなくなるような状況なのですが、そうならない限りにおいては、お金があれば、とりあえず確保は可能です。

日本のアキレス腱《けん》ともいえるエネルギー資源の問題も、言ってしまえば、「お金で買えば済む」だけの話です。

石油に関しては、もともと日本は中東産油国の「お得意様」です。原油価格が乱高下する昨今、日本の購買力というパワーは産油国にとっても無視できないのですから、大口顧客の強みを利用して資源を確保すればいいだけで、それは少しも難しいことではありません。

また、資源そのものだけでなく、一部の日本企業が実施しているように、資源権益の買収を、国が国富ファンドを使って大々的に展開する手段もあります。豊富な資金力と円高があれば、世界中の権益を買い漁《あさ》ることもできなくはありません。せっかくお金があるのですから、本当に必要なものを手に入れるのに出費を惜しむことはないでしょう。

巨大ファンドを活用せよ

実は、日本にはすでに、途轍《とてつ》もない規模の国富ファンドが存在しているのです。

正式名称は「年金積立金管理運用独立行政法人」と言います。やけに長い名前ですが、以前はもっと短い名前でした。すなわち、あの大規模年金保養施設「グリーンピア」建設で名を知らしめた「年金福祉事業団」です。

日本人の厚生年金や国民保険の一部を運用している機関ですが、独立行政法人に改組《かいそ》されても役人気質は変わらないようで、おそろしく収益率が悪く、ファンドとしてほとんど機能していないのです。

世界の国富ファンドの資金額

名称	国	設立	推定運用資金
クウェート投資庁	クウェート	1953年	2130億ドル
ドバイ・インターナショナル・キャピタル	UAE	2004年	100億ドル
アブダビ投資庁	UAE	1976年	1兆ドル
カタール投資庁	カタール	2006年	400億ドル
サウジアラビア通貨庁	サウジアラビア	1952年	3200億ドル
中国投資責任有限公司	中国	2007年	2000億ドル
韓国投資会社	韓国	2005年	200億ドル
ロシア安定化基金	ロシア	2008年	1275億ドル
ノルウェー政府年金基金	ノルウェー	1990年	3220億ドル
テマセク	シンガポール	1974年	1080億ドル

年金積立金管理運用独立行政法人の資金額

	時価総額（億円）	構成割合	（参考）年金積立金全体の構成割合
国内債券	774,589	66.59%	64.89%
市場運用	592,522	50.94%	49.64%
財投債（簿価）	182,067	15.65%	15.25%
財投債（時価）	(187,522)	ー	ー
国内株式	134,154	11.53%	11.24%
外国債券	94,283	8.11%	7.90%
外国株式	130,919	11.26%	10.97%
短期資産	29,225	2.51%	5.00%
合計	1,163,170	100.00%	100.00%

出典：年金積立金管理運用独立行政法人

グリーンピア並みのあきれた無駄遣いをしないだけマシですが、これではせっかくの資産が宝の持ち腐れになってしまいます。

何しろ、この国富ファンドの資産総額は、一二〇兆円近くもあるのです。

一般的には、UAEの国富ファンド「アブダビ投資庁」が世界最大と言われています。そのアブダビ投資庁でさえ、八〇兆円弱でしかありません。

それでも十分過ぎるほど巨額ですが、日本の国富ファンドはその一・五倍の規模ですから、恐ろしい限りです。

そして、そんな規模のお金をほとんど運用できていない、という事実も恐ろしい。

これを使って海外の油田やガス田の権益を獲得してしまえば、自国の資源とみなして構わないわけです。

豊富な資金力は、戦略の選択肢《せんたくし》もまた、豊富に与えてくれるものです。

34 広大な海を持つ日本は隠れた資源大国

メタンハイドレートへの期待

石油ばかりに頼る文明は、絶えず紛争を巻き起こしてきました。安全保障の意味でも、特定のエネルギー資源に依存せず、多様化を図ることが望まれます。

そこで、将来のエネルギー資源として大いに期待されているのが「メタンハイドレート」です。

メタンハイドレートとは、圧縮されたメタンガスを中心に、水分子が氷状に結晶化したもので、火をつけると内部に閉じ込められたメタンガスが燃焼するため「燃える氷」などとも呼ばれています。一立方ミリメートルのメタンハイドレートに一七〇立方ミリメートルものメタンガスが圧縮されており、小さくても膨大《ぼうだい》なエネルギーが凝《ぎょう》縮《しゅく》された優れものです。

この新しいエネルギー資源が実は、日本の領海内にたくさん埋蔵されているのです。最も調査が進んでいる紀州沖の南海トラフだけでも、日本の需要一二年分が埋蔵されていることが明らかになっていますし、日本近海には一〇〇年分ものメタンハイドレートが眠っていると推測されています。

何しろ、日本は国土こそ狭いですが、領海・排他的経済水域の面積は意外なほど広大で、アメリカ、フランス、オーストラリア、ロシア、カナダに次いで世界第六位。この広大な海に大量の海洋資源を隠し持っているのです。

原子力発電のエネルギー源となるウランも、大量に眠っています。しかも黒潮が毎年、日本近海までウランを運んでいて、原子力開発機構によると、その量だけでも五〇〇万トンにも上るといいます。

日本の原子力発電所の使用量は年間八〇〇〇トンでしたから、余裕で足りる膨大な量です。

とはいえウランだけに依存するのは「資源の多様化」という意味でも危険ですし、福島第一原発の事故で原発推進を見直している現状ですから、なおさらメタンハイドレートへの期待が高まっているのです。

貴重な海洋資源を守れ

中国が海軍力を強化し、露骨に太平

日本の領海等概念図

出典：海上保安庁

洋進出を狙っているのも、その背景には、海洋資源の存在があります。

竹島近海など、微妙なエリアにも多くのメタンが眠っているために、近隣諸国との領海を巡《めぐ》る衝突は、必要以上に激しくなっているようです。

メタンハイドレートの本格的な調査と採掘、実用化へと至るまで、まだ時間はかかりますが、近い将来、日本は世界有数の資源大国に生まれ変わることになります。日本の最大の弱点だったエネルギー資源の問題が一気に解消され、それどころか大きな武器になるわけですから、この貴重な海洋資源を手放すわけにはいかないでしょう。

ある意味、将来の日本にとって死活問題かもしれません。日本経済の破綻が心配で仕方がない方々は、政府の借金や円高より、こちらの問題を心配していただいたほうがよろしいのではないでしょうか。

35

日本の食料自給率は低くない

食料輸入はGDPの一パーセント

もうひとつ、日本の弱点だと思い込まれているものに「食料問題」があります。

「日本は食料自給率が極端に低く、世界最大の食料輸入大国。海外からの農産物輸入が止まれば、国は終わりだ」

だから外国のご機嫌を取らなければいけませんよ、とでも言いたいのでしょうが、これは完全な思い込みです。

そのことはデータにはっきりと示されています。

グラフは主要七か国の食料の輸入額、国民一人当たりの輸入額、そして食料輸入額対GDP比率を比較したものです。日本の食料輸入額は四六〇億ドル程度で、七か国中で下から三番目。国民一人あたりに換算しても中程ですし、対GDP比率にいたっては中国をも下回る一パーセント程度。

たったの一パーセントなのです。GDPの一パーセント分の金額しか食料を輸入していない国の、どこが「食料輸入大国」なのでしょうか。

「それはおかしい。確か日本の自給率は四〇パーセントくらいしかないのだから、もっと輸入しているはずだ」

そうではありません。データにウソはないのです。おかしいと感じるのは、実は肝心の「自給率」そのものが間違っているからなのです。

世界各国はどの国も自国の食料自給率を算出していますが、その際に使われるのは生産高をベースにする計算方法です。しかしなぜか、日本の農水省はカロリーをベースにしたものを採用しているのです。「採用」というより、農水省自身が独自で生み出した奇妙な計算方法です。

「国民一人一日あたりの国産カロリー」を「国民一人一日あたりの供給カロリー」で割るのですが、この「国産カロリー」の中には、国産の畜産物のカロリーは含まれていません。「輸入された飼料で育てられた畜産物は国産ではない」という理由からです。

矛盾だらけの「カロリーベース自給率」

農水省の理屈でいくと、私たちが毎日食べている鶏卵《けいらん》の大半が「外国産」ということになります。鶏卵の九六パ

主要国の食料輸入

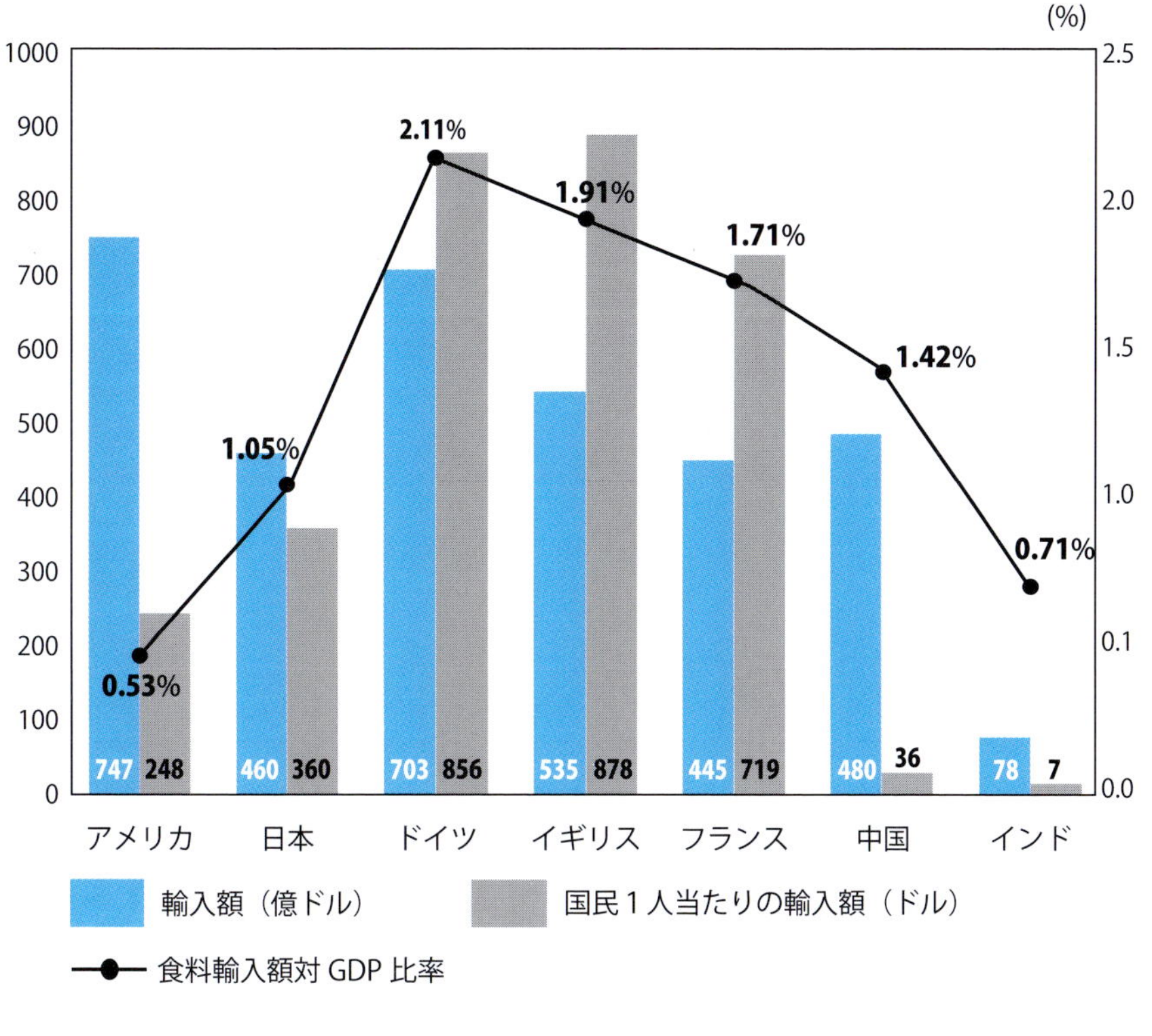

出典：FAOSTAT,IMF

ーセントが国内の養鶏場で産出されているにもかかわらず、カロリーベース自給率ではたったの九パーセントになってしまうのです。

また、分母にあたる「供給カロリー」のほうには、廃棄された食料の分まで全部含まれています。私たちの口に入らなかったわけではないものまで「供給カロリー」になるのですから、これも奇妙な話です。

そんな矛盾《むじゅん》だらけの計算方法で産出した「カロリーベース自給率」四〇パーセントを、一般的な生産高ベースで計算し直すと、およそ六〇〜七〇パーセント程度に落ち着きます。イギリスよりはるかに高い数値です。

決して日本の自給率は低くありませんし、「食料輸入大国」でも何でもありません。世間一般で思われているほど、日本の農業は弱くないのです。

36 日本の農業は最も有望視される将来の輸出産業

手つかずで残る海外巨大マーケット

ＧＤＰと比較して日本の食料輸入額が低いのは、もちろん日本の農業がそれなりの生産高を誇っているからです。自給率で見た通り、世間一般で思われているように弱体化しているわけではありません。

雑誌『農業経営者』副編集長である浅川芳裕氏の著書によれば、日本国内の農業生産高は中国、アメリカ、インド、ブラジルに次いで五番目に位置しています。広大な土地と人口を持つそれらの大国と肩を並べる、世界第五位の農業大国なのです。

そして同時に、日本の農業は、輸出産業としても大きな可能性を秘めています。日本の農業が持つ潜在競争力は凄《すさ》まじいものがあるのです。

何しろ現在の日本は、農産物をほとんど輸出していません。農産物の輸出総額（二〇〇八年）は、アメリカが約二八三億ドル、フランスが六八〇億ドル、ドイツが七〇八億ドル、イギリスが二五〇億ドルなどとなっているのに対し、日本はわずかに二七億ドルです。一桁《けた》違っています。

すなわち、日本の農業の前には、「海外市場」という巨大マーケットが手つかずのままで残されているわけです。そしてイギリス並みに輸出量を増やしただけで一〇倍規模に拡大するわけですから、こんなにオイシイ話はありません。

これまでは主に国内市場をターゲットにしていたわけですが、それを今後も継続するのは当然として、農業を成長産業として位置付けるのであれば、やはり「国内で成熟した製品を海外に輸出する」という成長モデルを志向するべきですし、それだけのポテンシャルは十分に持っています。

プロの農家は高齢化していない

農業の高齢化などが盛んに言われていますが、これはいわゆる「疑似農家」を営む人たちが高齢化したために起きている現象に過ぎません。疑似農家の人たちが全体の八割を占めているとはいえ、実質的には農業生産に貢献していないわけですから、どれだけ高齢化しても日本の農業生産に与える影響は

主要国の農産物輸出額（2008年）

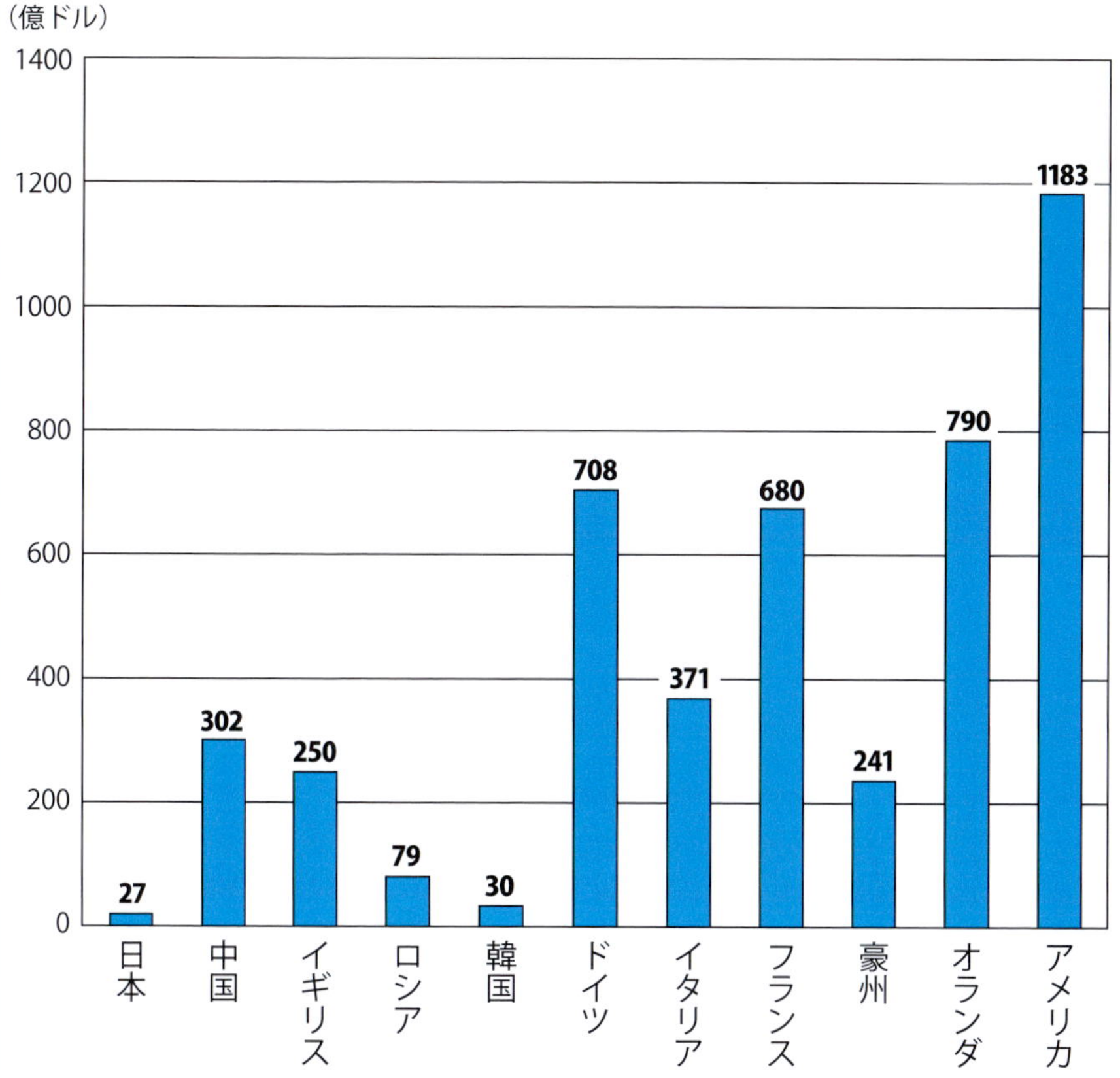

出典：FAOSTAT

極めて少ないのです。実際に国内市場でバリバリ活躍しているプロの農家、いわゆる専業農家の人たちは高齢化しておらず、まだまだ成長する余地はあります。

　さらに、日本の農作物は品質という点で他国を圧倒しています。

　たとえば日本の鳥取スイカは中東諸国に大人気で、一玉三万円で出荷されています。台湾では日本産リンゴが売れに売れ、すでに二万七〇〇〇トン（平成一七年度）も輸出されています。

　そうした例は探せばいくらでも挙げられますし、苺《いちご》のトチオトメはじめ世界的なブランドになっているものも多くあります。

　恐ろしく口が肥えた日本人消費者に鍛えられ、真面目で研究熱心な業者が懸命《けんめい》になって品種改良に励《はげ》むのですから、どれもこれも高品質になるのは当然でしょう。

37 日本国民は平均的に知的水準が高い

ブログの使用言語で日本語がトップ!?

日本以外の主要国はどこも、基本的に「階級社会」です。欧州諸国は言うに及ばず、アメリカ、中国も下級層の人々は貧困に喘《あえ》ぎ、上流社会の人たちと文化や価値観を共有することはありません。下手をすれば話す言語すら異なるケースもあります。

そうした階級社会では、受ける教育もまったく違うため、育てられた一部の超エリートが国家を牽引《けんいん》していくことになります。その他の「大衆」とは、知的レベルも、享受する文化も、受け取る情報も、まるで違ってしまいます。

フランスを代表する新聞『ル・モンド』の発行部数は、わずかに三五万部です。イギリスの『タイムズ』も七〇万部に届きません。日本の感覚からするとビックリするほど少ないと思ってしまいますが、日本以外の国では、これくらいが当たり前です。

なぜなら、一流新聞を読むのは、主にエリートたちだけだからです。

一方、日本の場合は、読売新聞の発行部数だけでも一〇〇〇万部。エリートの数が多い、などというわけではなく、「誰もが新聞を読む程度の知識水準を持っている」ということです。エリートがいない代わりに、一般大衆が平均的に「頭がいい」のです。

左のグラフは、世界中のブログとツイッターで使用されている言語の割合を示したものです。世界共通語である英語が多いのは当然ですが、驚くべきことに、ブログで〇六年に日本語がトップに躍《おど》り出ました。最近流行し始めたツイッターでも二位になり、おそらくブログの例と同様に、近い将来、英語に肉薄することが予想されます。

これは、日常的にブログやツイッターを使用する頻度《ひんど》が日本人だけ突出して高い、という事実を表しています。

ネットを使用するにも、ある程度の知的水準は必要です。世界的に見て、日本だけ「普通に頭がいい」国民が多数存在しているということです。

「普通に頭がいい」国民

エリートがいないので、政治家は欧米に見劣りしますが、と言うよりまったく劣っていますが、「普通に頭がい

2006年 第4四半期　ブログ投稿数の言語割合

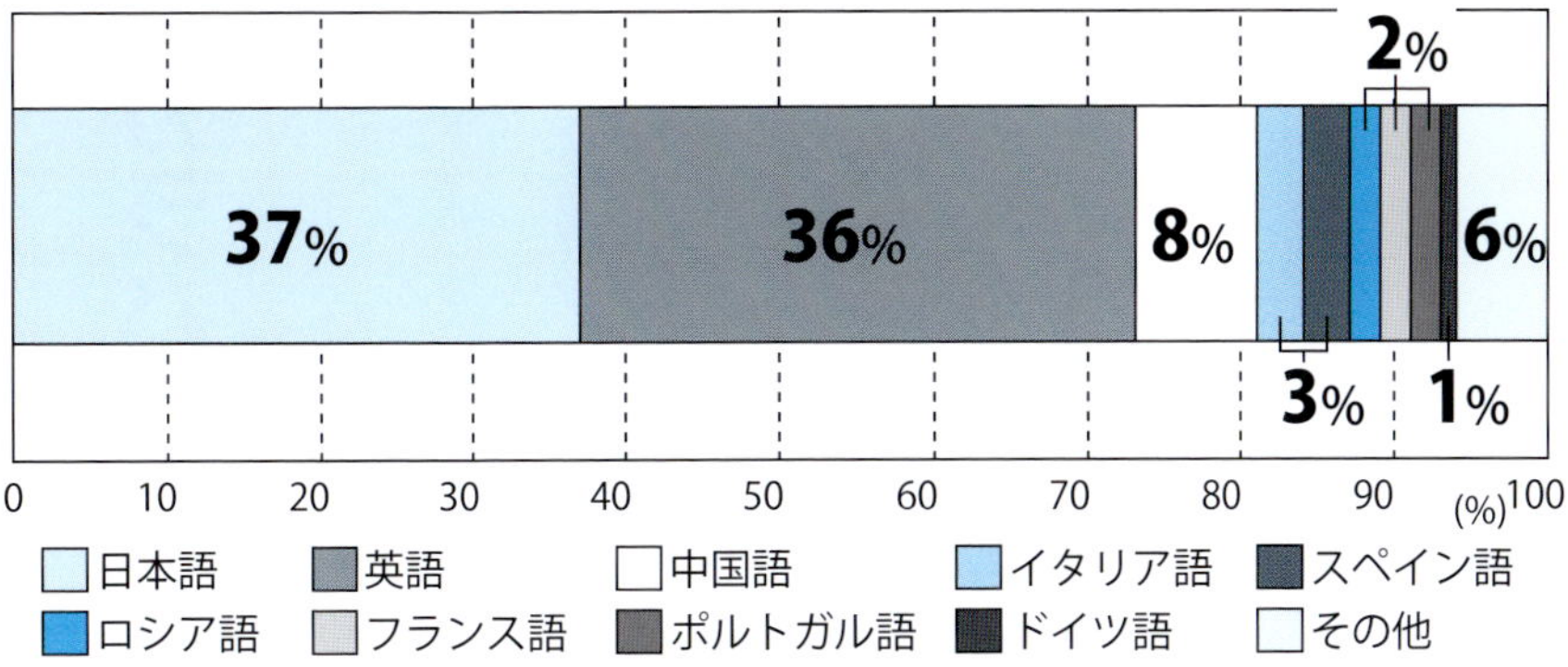

出典：米テクノラティ

Twitter で使用されている言語　2010年2月８～10日　調査

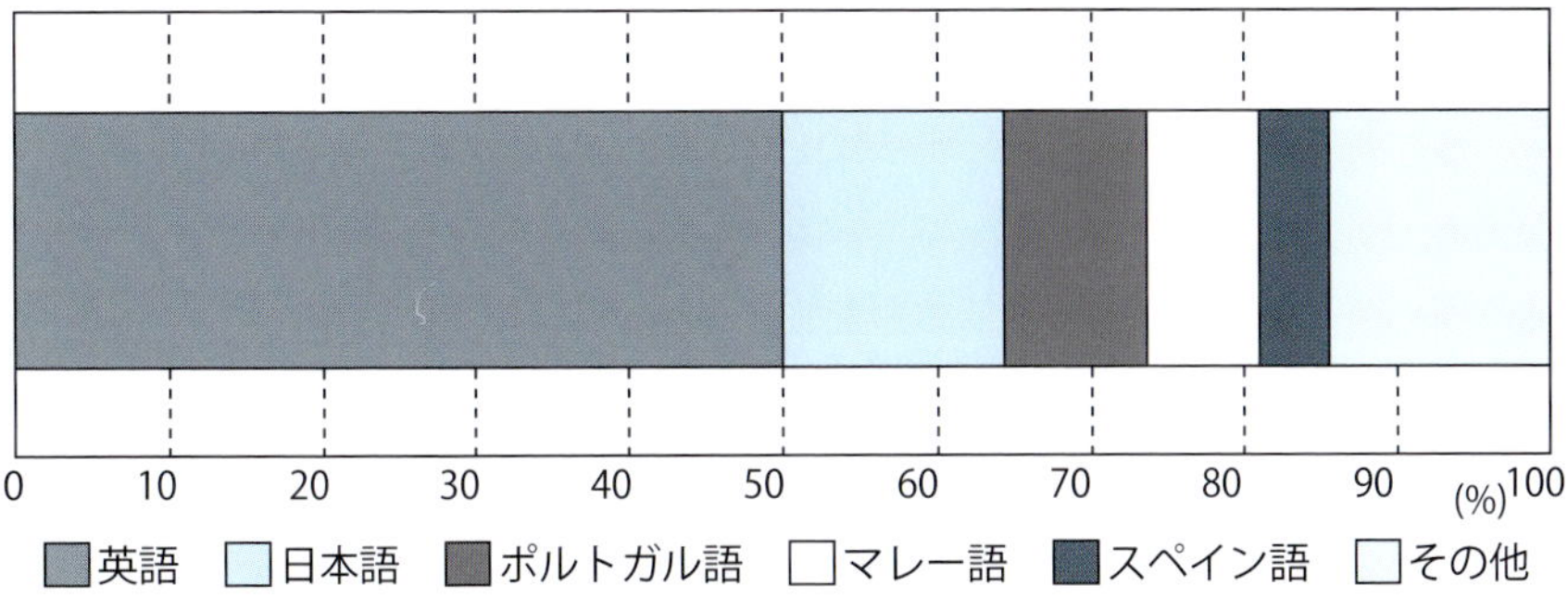

出典：フランス Semiocast 社

い」国民が協力し、努力してきたからこそ今の日本があるのです。

この「普通に頭がいい」人たちが、同じ文化と価値観を持って市場社会を形成しているのであれば、そこで生まれるコンテンツやモノは、必然的に熟成されていくことになります。

同じ漫画の作品について「これは面白い」「いやダメだ」と言い合ったり、「このケイタイは便利じゃない」とか「もっとこんな機能があるといい」など言い合える人たちが一億人もいる巨大市場など、日本以外にありません。

漫画好きの麻生太郎元首相は、フリーターと漫画の作品について語り合ったりしていましたが、政界のトップと無職の若者が同じレベルで論じるなど、階級社会ではあり得ない光景です。

あの光景こそが、国民の「平均的な」知的水準の高さが日本の強みである、という事実を象徴しているように思えてなりません。

38 「ガラパゴス」市場のオリジナリティこそが強みである

日本製品のオリジナリティとは？

前項で述べたように、日本国民の平均的な知的水準の高さと文化や価値観の共有があるからこそ、唯一無二の優良市場が形成されました。

その中で日本独自のモノやコンテンツが生まれ、世界に羽ばたいています。日本は国内の市場で、日本国民を相手にモノを作っているだけで、世界に対する強力なアドバンテージを生むことができるのです。

しかし、そうした内向きな姿勢は、「グローバルスタンダード」とやらがお好きな方々に、随分と批判されました。日本の携帯電話の機能が複雑過ぎて世界ではあまり売れない、という現象を例に出し、「ガラパゴス化」という言葉でネガティブに捉えられることが多いのです。

しかし、よくよく考えてみれば、この「ガラパゴス化」と「オリジナリティ」はほとんど同義語です。ガラパゴス化していないオリジナル製品やサービスなど、この世には一つも存在していません。

そしてこの「オリジナリティ」こそが、貴重な付加価値をもたらす源なのです。

ガラパゴス化していない製品、つまり「どこにでもある」製品を、人は喜んで買うでしょうか。

日本の製品や、あるいは漫画、アニメ、音楽などのコンテンツを世界中が歓迎したのは、それが「どこにもない」オリジナルな魅力にあふれたものだったからに他なりません。

日本製品の競争力を高めているのは、間違いなくこのオリジナリティなのです。

「ジャパニーズスタンダード」で勝負する！

わざわざ世界市場に目を向けて、他国でも作れそうな世界標準の製品を作るのが「グローバルスタンダード」なのだとしたら、そんなものはいりません。日本には、世界を魅了《みりょう》する「オリジナリティ」を獲得できるだけの国内市場があり、技術力もあるのです。

もちろん、日本人が万能だとは言いません。あくまで「平均的に頭が良い」国民が多いというだけの話で、常識を

「ジャパニーズスタンダード」を世界に売り込め

破る奇抜な発想やひらめきなど、個別のアイデアで他国に劣る場合もあるでしょう。

　しかし、どの民族でも、得手《えて》不得手があるのは当然のことですから、日本は日本が得意とするやり方で、日本ならではのオリジナリティを獲得すればよいだけです。

　何度も言うように、すでに日本のオリジナリティは、世界中が認め、受け入れられています。この強みを捨てることはありませんし、従来通りのやり方を変える必要はありません。

　平均的に知的水準が高く、価値観を共有する国民が形成する「他にどこにもない」日本市場で供給を続け、熟成し、「他にどこにもない」製品を世界に輸出する。日本は堂々と「ジャパニーズスタンダード」を追求し、世界に売り込めばいいのです。

第3章

「日本は世界がうらやむ最強の国である」これだけの理由

39

日本は世界一イノベーティブな国

企業のイノベーション力は世界一

ここで一つ、面白い調査データを紹介します。

イギリスの大手経済雑誌『エコノミスト』は、数年に一度、世界各国の革新性（イノベーション力）を調査し、発表しています。この調査で日本は、二〇〇六年調査（二〇〇二～〇五年のデータに基づく）及び二〇〇九年調査（二〇〇四～〇七年のデータに基づく）の二回連続で「世界で最もイノベーティブな国」として認定されています。

革新性を評価する基準は「GDPあたりの技術開発投資」「技術開発環境の質」「従業員教育」「従業員の技術力」「情報技術及び通信インフラの品質」「企業の自由競争を推進する政策」などです。これら様々《さまざま》な要素をパラメータとして集計し、インデックス評価したのが、このランキング結果です。

これは「企業」のイノベーション力を測定した結果ですが、日本の場合は、国民のほうも「世界で最もイノベーティブな国」であると、各種の研究機関が評価しています。その結果、「世界で最も迅速《じんそく》に革新的な製品が普及する国は日本である」という調査結果が発表されることになったのです。

日本の市場は、新たな製品をいち早く受け入れ、革新性をさらに高めていけるだけの環境が整っているということです。

これは、ここまで述べてきたように国民が「平均的に知的水準が高く同質化されている」ことと無関係ではないと思われます。

知的水準が高いレベルで同質化していると考えられる国は、日本の他にもないわけではありません。ランキング上位の常連であるノルウェー、スウェーデン、オランダ、デンマークなど、ヨーロッパの小国は、そうした国だと見てよいでしょう。

世界の常識では「珍しい市場」

ただ、これらの国はどれも人口二〇〇〇万人に満たない小国です。国内市場も日本に比べてはるかに小さいものです。人口が少ないがゆえに「同質化」がされやすく、革新性の高い評価に結び付いたと考えられます。

■イノベーション力世界ランキング 02〜05年/ 04〜07年

	2006 年発表（2002 〜 2005 調査）		2009 年発表（2004 〜 2007 調査）	
	インデックス	順位	インデックス	順位
日本	10	1	10	1
スイス	9.71	2	9.71	2
フィンランド	9.43	5	9.5	3
アメリカ	9.48	3	9.5	4
スウェーデン	9.45	4	9.44	6
ドイツ	9.38	6	9.4	6
台湾	9.28	8	9.37	7
オランダ	9.12	9	9.16	8
イスラエル	9.1	10	9.13	9
デンマーク	9.29	7	9.08	10

出典：英誌『エコノミスト』のデータから筆者作成

しかし、日本だけは一億二〇〇〇万もの人口を有し、同時に世界有数の国内市場を有しているのです。

これだけ大規模でありながら、ヨーロッパの小国同様の同質性を備えることができているのは、奇跡的と言ってもよいでしょう。そして、その市場規模と市場の成熟性により、ヨーロッパの小国を上回る革新性をも、身に付けることができているのです。

世界の常識から見て、日本の国内市場がどれだけ珍しい存在か、どれだけ優秀で経済競争力を潜在的に持っているか。

世界各地で行われている調査の結果が、そのことを裏付けているのではないでしょうか。

世界が認めているのですから、国内市場にもっと目を向けて活用しない手はありません。

40 少子高齢化問題も経済成長すればすぐに解決する

大デフレを招いた享保の改革

日本は世界一の長寿国であり、年々高齢化が進んでいます。さらに少子化で人口は減り続け、生産人口の割合が減ったため経済は停滞しデフレに。そして日本は立ち行かなくなり、やがて破綻《はたん》――。

少子高齢化で人口減少が避けられない日本にとって、デフレは宿命、と言わんばかりの主張をよく耳にしますが、これは論理的に矛盾《むじゅん》していると言わざるを得ません。

少子高齢化が進むと、生産（およびサービスの提供）を行う「生産人口」が相対的に減っていきます。つまり、国内の供給能力が減り、需要のみが増えていくことになるので、デフレではなく、逆にモノやサービスが不足してインフレになるはずなのです。ですから、少なくとも現在のデフレは、少子高齢化が原因の一つであるはずはありません。

左の図を見ると、ドイツやロシアは日本を上回るペースで人口が減っています。また少子化に限って言うなら、韓国、台湾、香港、シンガポールは、これまた日本を上回るハイペースで進んでいるのです。しかし、どの国もデフレに悩んでなどいません。

真実は「少子高齢化だからデフレ」ではなく「デフレだから少子高齢化」なのです。その典型的な例が享保《きょうほう》の改革です。

享保の改革は八代将軍徳川吉宗が主導した緊縮財政を柱とする幕政改革です。デフレのときに幕府の支出を切り詰めたので、その後、大デフレに見舞われてしまいました。その結果、一揆《いっき》が頻発《ひんぱつ》し、米価の下落で武士たちの手取りも激減し、反乱寸前の状態になっていました。

改革は結果的に成功したことになっていますが、それは二〇年後に行った「元文《げんぶん》の改鋳《かいちゅう》」というデフレ対策が功を奏したためです。小判を一両持ってきたら一・六五両の新小判を渡す、という大胆な貨幣の入れ替えで、ようやくお金が回り始め、米価も回復したのです。

しかしそのときすでに、デフレで困《こん》窮《きゅう》した江戸の人たちは子供を増やすに増やせず、見事な少子化になってしま

主要国の人口の推移

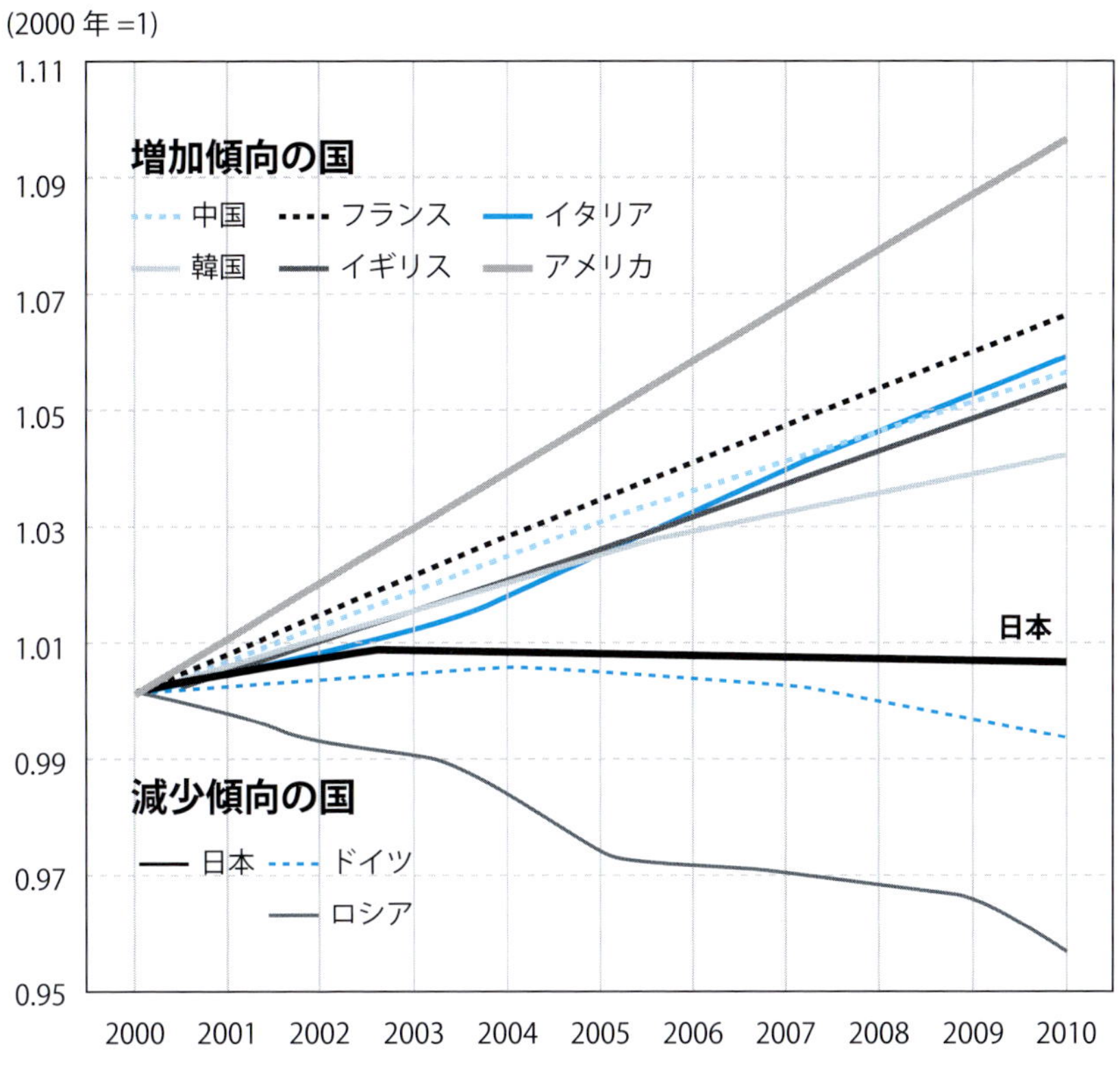

出典：IMF

いました。

少子化対策より経済成長策

現在の日本も、三〇〇年前とまったく同じです。給料も上がらず、先行きも不安ばかりの状態では、若い人たちが結婚して子供を作ろうという気にならないのは当然でしょう。

江戸期の少子化は、その後、日本が経済成長していくにつれて自然に解決し、人口は増えていきました。

ですから、そこまで日本の少子高齢化は深刻なのか、という疑問も涌《わ》いてきます。「毎年約五万人減っている」などと言っても、パーセンテージで言えば、たったの〇・〇五パーセントでしかありません。

その程度のことを気にして「子ども手当」など無《む》駄《だ》な少子化対策をやるくらいなら、経済成長したほうが、よっぽど話は早いのです。

41

治安の良さこそが日本最大の強み

日本で犯罪に遭遇する確率

日本の家計が世界最大の現預金を保有しているなど、日本が最も有望な国である理由はいくつも挙げられますが、中でも特筆すべき理由は、「治安」ではないでしょうか。

どんなに豊かでも、いつ現金を奪われるかわからないような社会では意味がありません。日本社会がせっせと経済成長を果たし、様々な優れたモノを作ってこられたのも、治安の良さに守られていたからだと思えば、これほどの強みはないでしょう。

もともと日本は、先進国の中でも極端に犯罪が少ない国ですが、現在もその傾向はまったく変わっていません。

日本の犯罪発生率は二〇〇八年度で一・四二四パーセント。他の主要国と比較してもずいぶん低いことがわかります。

一・四二四パーセントというのは、一年間に一〇〇人中一・四二四人が犯罪に遭遇するという意味です。数字だけ見ると「そんなに確率が高いの?」と思ってしまいがちですが、これは世界的には極めて低い数字なのです。しかも日本の場合、この極端な低率が戦後六〇年もの間、ほとんど変わっていません。

実は他の先進国も、終戦直後は日本と同じく二パーセントを下回っていました。それが今では、アメリカが二倍近く、イギリスにいたっては五倍にまで悪化しているのです。

同じように成熟した文化を持ちながら、同じように経済発展を遂げ、同じだけが、変わらずに犯罪発生率を抑え続けているという事実は、特筆に値《あたい》するのではないかと思います。

最近、犯罪は減っているという現実

「いや、他国と比較したら低くても、最近の日本は間違いなく犯罪が増えている。治安は悪化しているのだ」

などと主張するのは大きな間違いです。警察白書を見れば一目瞭然《いちもくりょうぜん》。刑法犯罪数も、凶悪犯罪も、さらに言えば少年犯罪も、どれもこれも着実に減り続けています。はっきりとデータが出ているのですから、否定のしようがありません。

犯罪発生率の推移

	日本	フランス	ドイツ	英国	米国
2004年	2.006	6.386	8.037	10.625	3.997
2005年	1.776	6.235	7.747	10.399	3.901
2006年	1.605	6.103	7.647	10.102	3.808
2007年	1.494	5.833	7.635	9.157	3.730
2008年	1.424	5.751	7.436	8.638	3.667
2009年	1.336	5.634	7.383	7.916	3.466

※単位はポイント

出典：犯罪白書 平成22年版

犯罪認知件数と検挙件数

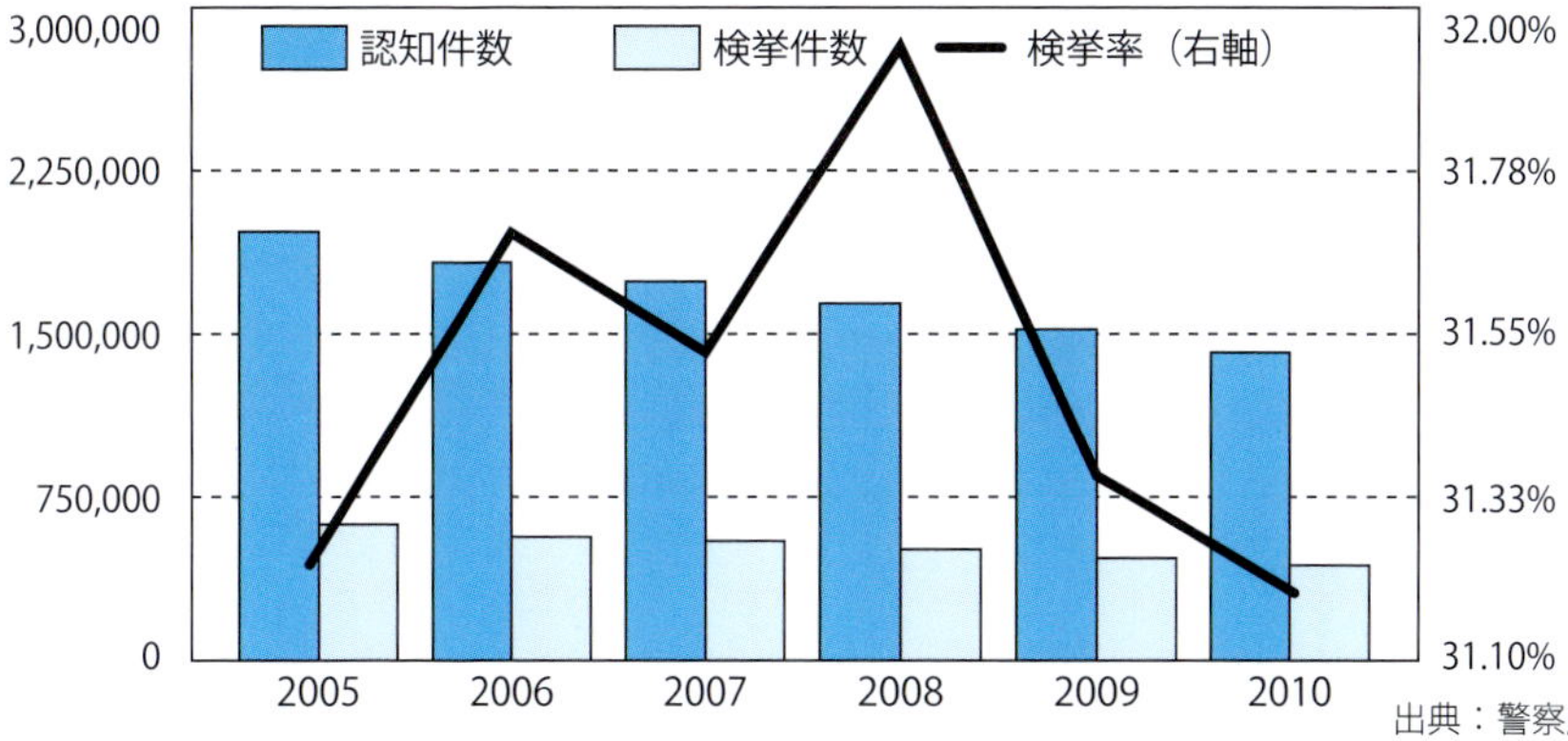

出典：警察庁

それでも皆さんが「治安が悪くなっている」というイメージを漠然《ばくぜん》と持ってしまうのは、単にメディアの報道手法によって怖いイメージが植えつけられてしまっただけなのです。

テレビは、凶悪犯罪が起きると、朝から晩まで繰り返し報道します。犯罪が残虐《ざんぎゃく》非道《ひどう》であればあるほど、大喜びで事件を追いかけ回します。犯罪が減っているとはいえゼロではありませんから、たまに起きる凶悪犯罪が「視聴率を稼げる絶好のネタ」として大歓迎されてしまうわけです。何度も繰り返し報道されることで「増えている」というイメージが広がり、「怖い」と感じてしまうのです。

「体感治安の悪化」などというのは、そうした報道に惑《まど》わされた結果に過ぎず、データの裏付けなど何一つありません。

犯罪が極端に少ないという事実を、私たちはもっと誇りにするべきです。

42 医療制度は守るべき日本の宝

健康達成度で文句なしの金メダル

WHO（世界保健機関）は、数年ごとに世界各国の「健康達成度」を評価しています。①健康寿命、②健康寿命の地域格差、③患者の自主決定権や治療への満足度などの達成具合、④地域や人種などによる患者対応の差別の程度、⑤医療費負担の公平、以上五つの基準をもとに、二〇〇五年時点の総合評価で発表されたランキングの一位に輝いたのは、他でもない日本です。平均寿命、健康寿命、乳児死亡率のすべての面において世界最高であり、文句なしの金メダルです。

WHOの評価基準に合わせて表現すれば、「人々が長生きし、寿命の地域格差がなく、患者が自ら治療を選択することが可能で、治療への満足度が高く、病院が患者対応に際して差別を行わず、医療費を国民全体で負担し合っている」という理想的な医療環境に最も近いのが、この日本ということになります。世界一の健康達成度を実現できるほど、日本の医療制度は素晴らしいものです。

アメリカの医療費が多い理由

にもかかわらず、私たち日本国民が負担している医療費は、それほど多くありません。「多くない」という以上、他国とくらべて本当に負担が多いのか少ないのか、その根拠となるデータもしっかり確認しておきましょう。

世界主要国の医療費の状況を見ると、日本の医療費は対GDP比率で八パーセントと、OECD諸国の中では下から数えたほうが早いレベルです。しかも日本の場合、医療費に占める公的支出の対GDP比率が六パーセント以上ですので、国民が実際に支払っている医療費は二パーセント以下、ということになります。

飛びぬけて高いアメリカと比較すれば、その有難さが痛いほどよくわかるかと思います。アメリカの医療費は対GDP比率で日本の約二倍。にもかかわらず公的支出の比率は日本と大差ありませんので、アメリカ国民の医療費負担はGDPの八・七パーセントにも及ぶのです。

そうなってしまう理由は主に、アメ

OECD諸国の医療費対GDP比較　2008年

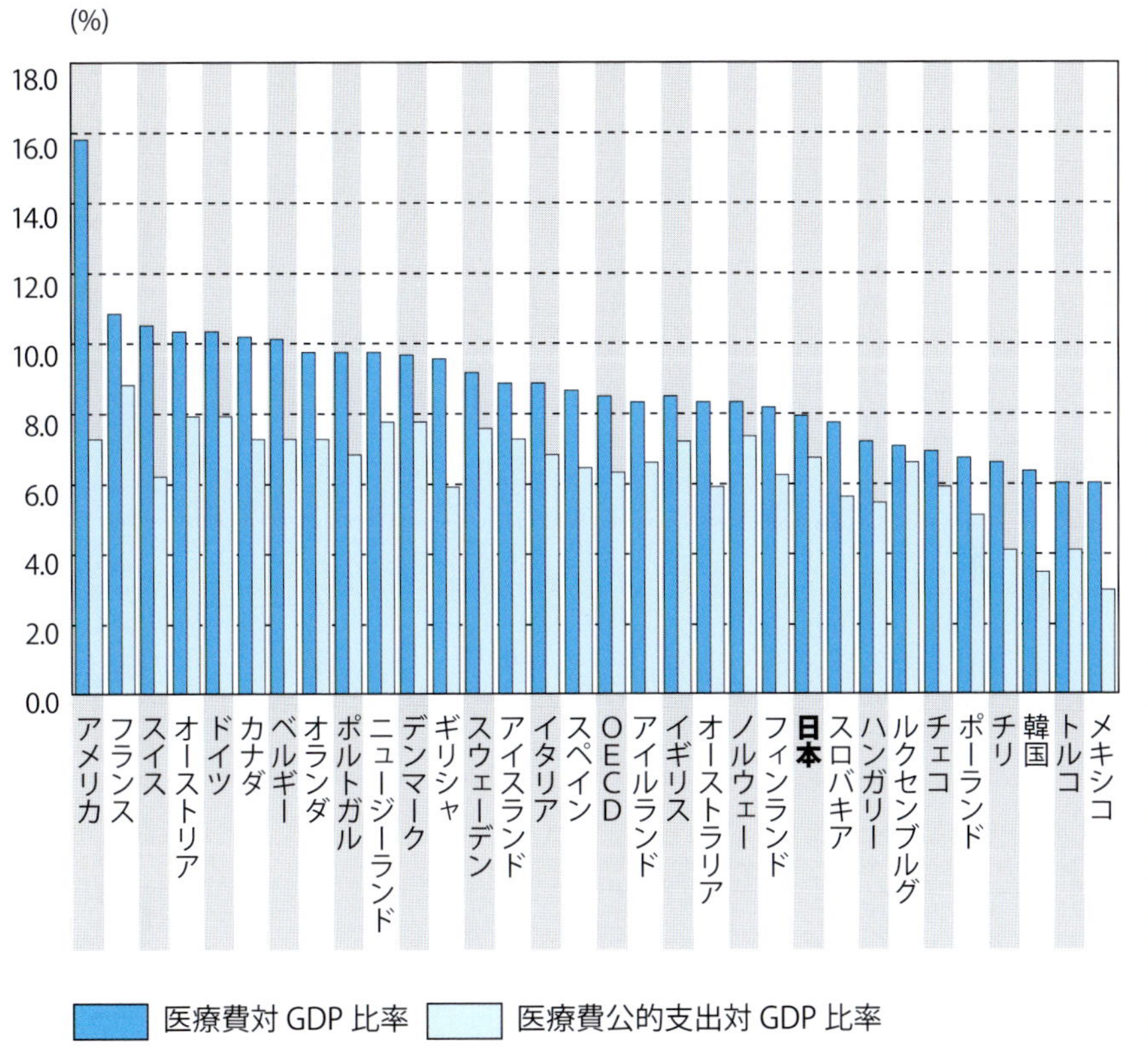

出典：OECD

リカの医療保険は基本的に民間経営で、営利ビジネスとして利益を追求するために行っているためです。「アメリカで暮らしていると恐ろしくて虫歯にもなれない」などとよく聞きますが、実際にその通りなのです。低所得者は入院などしたら自己破産まっしぐらです。

　どんなに医療費が高くても、それに見合うだけの高度な医療サービスを手に入れることができるのであればよいですが、WHOのランキングでは、アメリカは一五位。国民は、たまったものではありません。

　近年、医療制度改革が盛んに議論されていますが、医療制度そのものは極めて優秀であり、問題は医療スタッフが少なく、彼らの献身でかろうじて支えられている、という点だけです。「健康」を維持する医療制度も、忘れてはならない日本の宝です。

43 日本には「格差」も「貧困」も存在しない

ジニ係数は低く上昇のペースも遅い

「格差社会」という言葉が一時期、メディアで大流行しました。ITバブル以降、若き億万長者たちが続々現れ、一方で、「派遣切り」や「ネットカフェ難民」などという言葉が生まれ、「貧困」問題がクローズアップされました。

そのせいもあって、「日本は格差社会になっている」というイメージが、急速に色濃くなっていったのです。

「格差社会」が真実ならば、本書で「日本は豊かである」「日本は素晴らしい」といくら主張しても、「それはひと握りの富裕層だけのものじゃないか」となって終わりです。

ですが、本当に日本は「格差社会」なのでしょうか。

「ジニ係数」とは、要するに社会の所得分配上の不平等を測る指標で、係数の範囲は〇から一までとなっています。〇に近いほど格差が少なく、一に近いほど格差が大きいことを示しています。

日本のジニ係数は、確かに、長期的にはゆるやかな上昇を続けています。これがマスコミなどで騒がれた「格差社会」の最大の根拠ですが、二〇〇七年一〇月にIMFが主要国のジニ係数を公表したところ、ご覧の通り、他国と比較してかなり低い数値であることが明らかになりました。上昇のペースも遅いほうです。この数値が公表されて以来、「格差社会」という言葉はあまり耳にすることがなくなりました。

相対的貧困率は二位だが……

もうひとつ「相対的貧困率」という指標があります。これは「年収が全国民の年収中央値の半分に満たない国民の割合」で、たとえば平均年収一〇〇〇万円の国なら、年収五〇〇万円に満たない低所得者の割合です。

OECDが報じた二〇〇〇年時点のデータでは、日本の相対的貧困率はアメリカに次いで第二位でした。本当はその後、順位を下げているのですが、「世界二位」がかなりのインパクトですので、このときの数字が喜んで使われることになってしまいました。

しかし、そもそもこの「相対的貧困率」は、各国と比較するための指標と

世界主要国のジニ係数 2007年10月時点

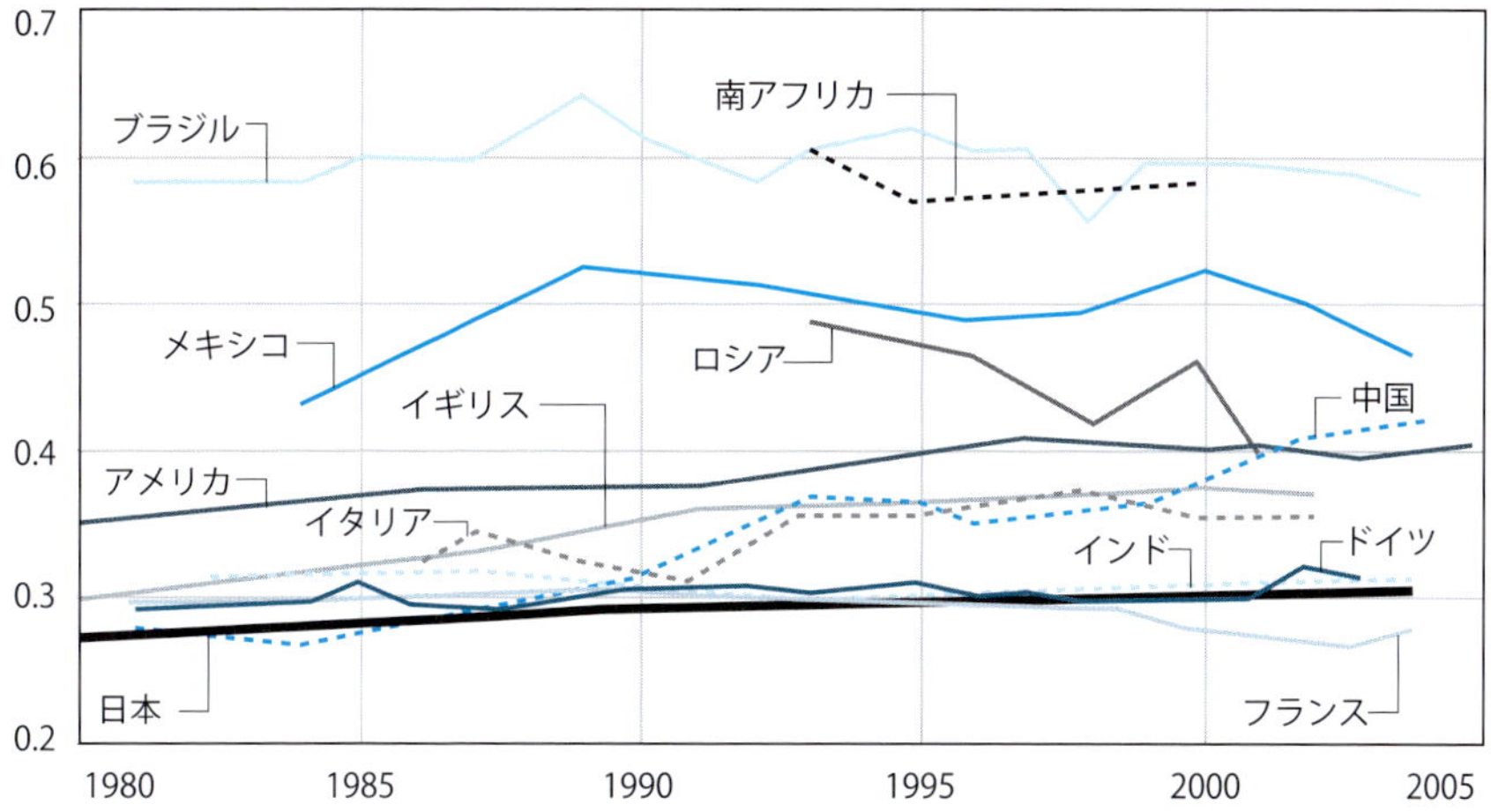

出典：IMF World Economics Outlook October 2007

日本の民間給与総額と給与所得者数の推移 1979年～2010年

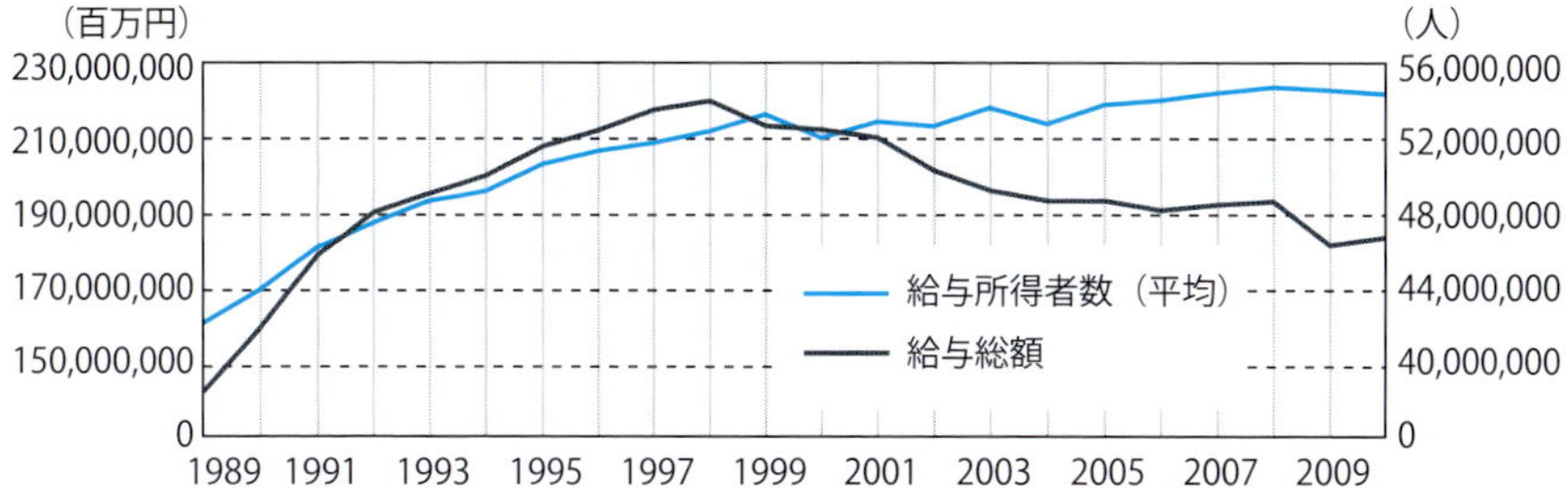

出典：国税庁 /1 年勤続者データと 1 年未満勤続者データを合計

しては、大きな問題があるのです。

日本の一世帯あたりの平均所得は約五六六万円ですので、その半分の二八三万円未満の人が「貧困層」ということになります。

はたしてこの年収二八三万円は、本当に「貧困」なのでしょうか。

一方、メキシコの平均年収は一〇〇万円以下ですが、その半分、年収五〇万円未満なら、これは確かに「貧困層」でしょう。メキシコはジニ係数も高いのですから、彼らの生活は相当に厳しいものだと想像できます。

先ほどのOECDの調査では、日本はメキシコより数値上で上回っています。しかし現実的には、日本の貧困問題の深刻度がメキシコを上回るなど、ありえない話です。

世界には、日本の生活からは想像もできないような格差や貧困が存在しています。それらの国に比べたら、日本の「格差」や「貧困」は、ないに等しいと言っても間違いではありません。

44 メガロポリス・東京は世界の奇跡

「注目するアジアの都市」で一位

大都市には人がたくさん集まり、想像もできないくらいのエネルギーで経済活動が行われ、華やかな文化が様々に花開いています。世界規模の都市を複数持つ日本は、それだけでも十分、世界をリードできるポテンシャルを秘めていると言えます。

東京都市圏の総人口はおよそ三五〇〇万人。同一言語、同一文化圏の人間が三五〇〇万人も集まっているのですから、考えてみれば、途轍《とてつ》もない話です。人種のるつぼと呼ばれるニューヨーク都市圏でさえ約二〇〇〇万人です。事実、これだけのメガロポリスが地球上に存在したことは一度たりともないはずです。

これほどまでに大きな都市が存在していたら、それだけで新しい文明が誕生しても不思議ではありません。

参考までに、二〇〇〇年前、「漢文明」が隆盛だった漢の武帝時代、中国の人口はわずか五〇〇〇万人でした。しかも一つの都市に集中していたわけではないのですから、文明を生み出すパワーは東京のほうが上でしょう。

世界中の不動産投資家も、やはり東京に熱い視線を送っています。「注目するアジアの都市はどこか?」というアンケートを取ると、現在は東京が一位になっています。数年前までトップをひた走っていた上海は、すでに五位まで転落してしまいました。

しかし、なぜそれほどまでに東京の都市圏は規模を大きくすることができたのでしょうか。

その最大の要因は、前に述べた「治安の良さ」です。

日本以外の国では、「都市化」はイコール「治安の悪化」を意味しています。都市化が進むにつれ、低所得者層が一部の地域に集中して住むようになり、スラム化してしまいます。ニューヨークもロンドンも例外ではなく、必ず「スラム化」という問題に直面しているのです。

もうひとつの要因は、交通インフラの充実です。東京ほど公共交通機関が網の目のように張り巡《めぐ》らされている都市はなく、都市圏が広がっても、人々は移動にさほど時間を要しません。交通網が発達していなければ、都市が巨

世界の主な都市圏 2007年

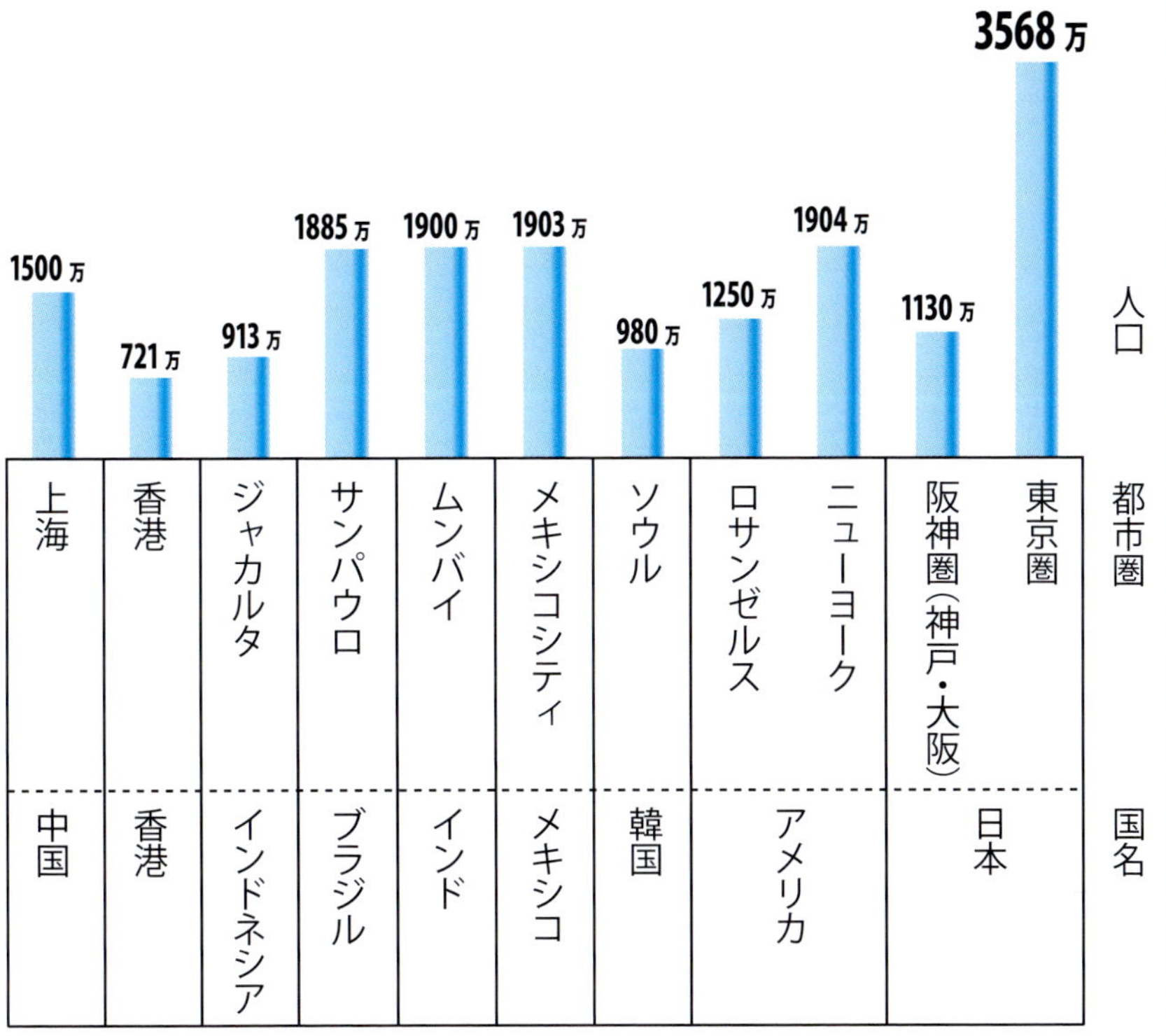

出典：国連統計局

大化すればするほど交通渋滞は悪化し、人々が逃げ出してしまうはずです。

大都市化のモデルは東京

スラム化による治安の悪化と、人口過密による交通渋滞こそ、都市の発展を妨《さまた》げる要因なのですが、東京（日本の他都市も同様です）は、この二つの難問を見事にクリアしているわけです。

世界的な人口増加により、各国とも大都市化はますます進んでいくでしょうが、その過程で必ず直面するであろう「治安」と「交通網」の問題を解決しなければなりません。そのためのモデルケースとなり得るのは、東京以外にないのです。世界屈指《くっし》の治安の良さと、異様なほど高度化した交通網が生み出したメガロポリス・東京は、世界の奇跡と言っても過言ではありません。だからこそ、世界中の投資家が東京に熱視線を送るのでしょう。

45 コンテンツ産業はいまや日本の独壇場

世界を圧倒する漫画パワー

世界最大規模で、かつハイレベルな同質性を持った国内市場は、様々な分野で熟成された産業を生み出してきましたが、その最《さい》たるものはやはり、漫画、アニメ、ゲームなどのコンテンツ産業、ソフト分野でしょう。特に漫画のパワーは、世界を圧倒しています。

圧倒、などという言葉では足りないでしょう。日本に対抗できるようなクオリティを持った海外発の漫画など、お目にかかったことがありません。まるで自転車レースに一人だけF1マシンで参加しているようなものです。

七年ほど前、フランスのシャルル・ド・ゴール空港の売店に行ったら、そこに並んでいた漫画がすべて日本マンガの翻訳で、腰が抜けるほど驚いたことがあります。

六〇巻発売と同時に前代未聞《ぜんだいみもん》の「累計発行部数二億冊」に達した超人気漫画『ONE PIECE』は現在、三〇を超える国々で翻訳版が出ています。

日本の漫画の人気は世界各国で定着し、漫画を通して日本文化に触れた若者たちが、日本そのものに興味を持ち、魅力を感じるようになってきました。すでに、日本漫画の影響を受けて育った世代が世に出始める時代がやってきています。

ヨーロッパのサッカー選手の中には「『キャプテン翼』に憧《あこが》れてサッカーを始めた」と言う選手が何人もいます。『キャプテン翼 Roadto2002』の作中で翼がスペインリーグのトップクラブ、バルセロナに入団したとき、ライバルチームであるレアルマドリードの会長が「どうして翼をうちに入れてくれなかったんだ」と愚痴《ぐち》をこぼしたというのは、ファンの間では有名な話です。

アニメ・コスプレ・Jポップ……

漫画をはじめとするコンテンツ産業は、そのようにして日本文化の広告塔的な役割もはたす、という意味でも最強の輸出品と言うことができるでしょう。

大ヒットしたアニメ版『涼宮《すずみや》ハルヒの憂鬱《ゆううつ》』は、インターネット経由で世

日本の漫画、アニメは世界を圧倒！

界中に拡散し、エンディングで主人公たちがテーマ曲『ハレ晴レユカイ』に合わせて踊るダンスが凄《すさ》まじい人気を呼びました。そして世界各国の女の子たちが、主人公たちのコスプレで踊る動画を動画サイトに載《の》せ始め、それが大流行してしまったのです。驚いたことに、投稿してきた女の子たちの国や地域は六〇を超えていました。

　Jポップもそうです。ポップミュージックと言えばアメリカとイギリス、という時代はすでに終わっています。とにかく例を挙げればキリがありませんが、様々な分野で、世界中が「ジャパニーズスタンダード」になっているのです。

　コンテンツ産業を先鞭《せんべん》にして、日本が世界の中心に躍《おど》り出る。日本の未来はどこまでも明るく、こんな国が「破綻」と無縁なのは、これ以上説明は不要でしょう。

46 日本は世界に良い影響を与えている

いたずらに卑下することはない

本書では日本国家の優秀性、日本経済の高い実力を、様々な理由によって証明しているわけですが、当の日本人はなぜか、素直に自分たちの力を認めたがらないようです。常に自省の精神を忘れないのは良いとしても、いたずらに卑下《ひげ》する必要もないのではないかと思います。

特にマスコミは、それを意図的にやっている傾向が強く、歪曲《わいきょく》された情報が拡散することによって、日本社会に様々な弊害《へいがい》をもたらしています。マスコミのミスリードによって誤った認識が流布《るふ》し、的外《まとはず》れな政策につながっているのが、今の日本なのです。

日本のマスコミが言うほど、日本は悪い国ではありませんし、日本人が思っているほど、この国は世界から孤立しているわけでも、嫌われているわけでもありません。

そこで、イギリスのBBCが毎年実施している興味深いアンケート調査を、ここで紹介してみたいと思います。「世界に良い影響を与えた国、悪い影響を与えた国」を、評価対象全一六か国について聞いたもので、二〇一一年の結果を見ると、「世界に良い影響を与えている」の一位はドイツ、次いでイギリス、カナダ、そしてEUと日本という順になっています。日本は「良い影響」が五七パーセント、「悪い影響」が二〇パーセントという結果でした。地域名であるEUが評価対象に入っている意味がよくわからないのですが、本調査で毎年必ず上位を占めるのは、ドイツ、イギリス、日本、カナダの四か国です。

「世界に好かれる日本」

次いで右は「世界各国が、評価対象についてどのように思っているか」のグラフです。調査した国ごとに分けて対象国の評価をまとめたものですが、特に際立《きわだ》つのは、インドネシア、フィリピン両国の八〇パーセントを超える高い評価です。各種調査を参照してみても、東南アジア諸国が日本に好感を持っていることが窺《うかが》えるのです。

一方、中国はわずかに一八パーセントで、「悪い影響」のほうが極端に高

世界に良い影響を与える国 悪い影響を与える国

	良い	悪い
ドイツ	62	15
イギリス	58	17
カナダ	57	12
EU	57	18
日本	57	20
フランス	52	19
ブラジル	49	20
アメリカ	49	31
中国	44	38
南アフリカ	42	27
インド	42	29
韓国	36	32
ロシア	34	38
イスラエル	21	49
パキスタン	17	56
北朝鮮	16	55
イラン	16	59

良い　悪い

世界各国が日本についてどのように思っているのか

	良い	悪い
カナダ	67	16
アメリカ	69	18
ペルー	64	10
チリ	66	14
ブラジル	66	16
メキシコ	24	34
ロシア	65	7
イタリア	66	18
トルコ	64	21
スペイン	57	19
ドイツ	58	25
イギリス	58	26
ポルトガル	43	13
フランス	55	29
ナイジェリア	65	14
ガーナ	55	11
ケニア	61	20
エジプト	52	14
南アフリカ	41	17
インドネシア	85	7
フィリピン	84	12
韓国	68	20
オーストラリア	60	26
日本	39	9
インド	39	13
パキスタン	34	15
中国	18	71

出典：BBC WORLD SERVICE POLL（March 7.2011）

い七一パーセント。「さもありなん」と言ったところでしょうか。

英独加の上位国と比較して「悪い影響」が若干《じゃっかん》高めの二〇パーセントなのが少し気になるところでしたが、中国が一国でその数字を押し上げているだけだったわけです。

ちなみに肝心の日本は、「良い影響」がわずか三九パーセント。「日本人は日本を悪い国だと思いがち」という傾向が、数字にもはっきりと表れています。

影響と言っても、実際にどのような影響なのか、どれくらいの影響なのか。影響力そのものを数値化して比較することは難しいので、こうしたアンケート調査から推《お》し量《はか》るしかないのですが、むしろ「良い影響を与えている」と他国民が「感じている」、という事実こそが、何より重要な意味を持っています。「世界に好かれる日本」であることは、様々な面で大きなメリットを生んでいくに違いありません。

47 世界が憧れる日本のライフスタイル

フランスの少女たちにとって夢のような国

二〇〇六年、パリ郊外に住むフランス人少女二人が、ポーランドとウクライナの国境でポーランド警察に保護されました。ポーランドからウクライナへ抜けるにはビザがいるので、当然のことですが、驚いたことに、この少女たちは「日本へ行くつもりだった」というのです。

日本の漫画などが大好きで日本に憧れを抱いていた二人は、東に向かえば日本に辿《たど》りつけると考え、ロシアを横断して日本に渡る計画を立てていたそうです。「文化から生活スタイルまで何もかもが憧れ」と、少女の一人は語っています。

単純に日本の漫画やJポップ、映画などのコンテンツがウケているだけの時代は、すでに過ぎ去りました。いまや世界の若者たちの目には、「日本」そのものが魅力的に映《うつ》っているのです。

当然だと思います。日本の生活に慣れきっている日本人たちは気づきませんが、こんなに快適で楽しく、優雅な暮らしを満喫《まんきつ》できる国など、世界中どこを探したって存在しません。

街並みは清潔で、歩いている若者たちはみな思い思いのオシャレに身を包み、少し歩けばスーパーもコンビニもレストランも、すぐに行ける。電車を使えばどこでも短時間で自由に移動でき、百貨店には魅力的な商品が何でも揃っている。欲しい漫画もゲームもCDも、何だって手に入る。夜中でも安心して遊び歩けるほど安全で、料理はどこへ行ってもとても美味しい。

満足な娯楽施設ひとつないパリ郊外に暮らす少女から見たら、それこそ夢の国のようでしょう。

世界帝国の条件

料理ひとつとっても、東京にないものはありません。ミシュランの東京版が話題になりましたが、三ツ星レストランの数も、星の総数も、東京はパリを上回っているほど。東京はミシュランも認める世界一の美食都市です。

私たちはそれが当たり前だと思っていますが、度々《たびたび》繰り返すように、東京は信じがたいほど奇跡の都市なので

東京にないものはない、三ツ星レストランの数も星の総数もパリを上回っている

す。

かつて、世界の憧れはアメリカでした。世界の若者がハリウッド映画に夢中になって、アメ車を乗り回し、コカ・コーラを飲み、アメリカンポップを聴き、ツイストを踊る。そんなライフスタイルを真似していました。

今では、その対象が、他でもない日本なのです。

以前、評論家の増田悦佐氏にお会いして「世界帝国の条件は何ですか」と尋ねたとき、答えはこうでした。

「世界中の人々が憧れ、ライフスタイルを真似したくなる国こそが、世界帝国です」

まさにその通りだと思います。日本は世界の中心に位置する「世界帝国」になる資格があるのです。私たち日本国民は、そのことをもっともっと自覚して、国作りを考えるべきでしょう。

経済破綻の心配などしている場合ではないのです。

48 日本国民が積み上げてきた誇るべき国富

豊かさを裏付ける財産

最後に、日本の国富について見てみましょう。これまで、本書の中で繰り返し日本の豊かさについて触れてきましたが、「国富」は、いわゆる「金融資産」ではありません。文字通り国の「富」、有形無形すべてをひっくるめた財産の総計です。この国の、真の意味での豊かさを裏付ける、大きな財産です。

国富は、「生産資産」、「有形非生産資産」、「対外純資産」を合計したものです。

国家のバランスシートで理解したように、金融資産というものは、「資産」と同時に同じ額の「負債」がどこかに生じ、国家全体で見れば必ず相殺《そうさい》されてゼロになります。したがって国富に相当する金融資産は、対外純資産のみです。

「有形非生産資産」とは、土地や地下資源、漁場など、国が、国土の基本条件として初めから備えている固定資産です。

もっともわかりやすく巨大な「有形非生産資産」は、中東産油国における「原油」です。原油は中東諸国が製造したものではなく、初めから国土に埋蔵されていた「国富」になります。

「国を富ます」ことを考えたとき、この「有形非生産資産」を増やそうとするのは、現実的には無理です。戦争で他国から強奪するくらいしか手段がありません。

有形非生産資産には土地も含まれるため、バブル期のように地価が上昇すれば、国富も増えていきます。もっとも、名目上の国富が増えたからとて、バブルが弾《はじ》けてしまえば元《もと》の木阿弥《もくあみ》ですが。

過去の日本人の努力に感謝

もう一つの「生産資産」は、生産活動の成果として生み出された資産、あるいは生産のために使用される有形資産です。つまり日本国民が額《ひたい》に汗して働き、生み出した資産です。

この生産資産を増やすことによってしか、国を豊かにすることはできません。日本の国富は、これまでの日本国民の努力によって少しずつ積み重ねら

日本の国富　2009年末時点

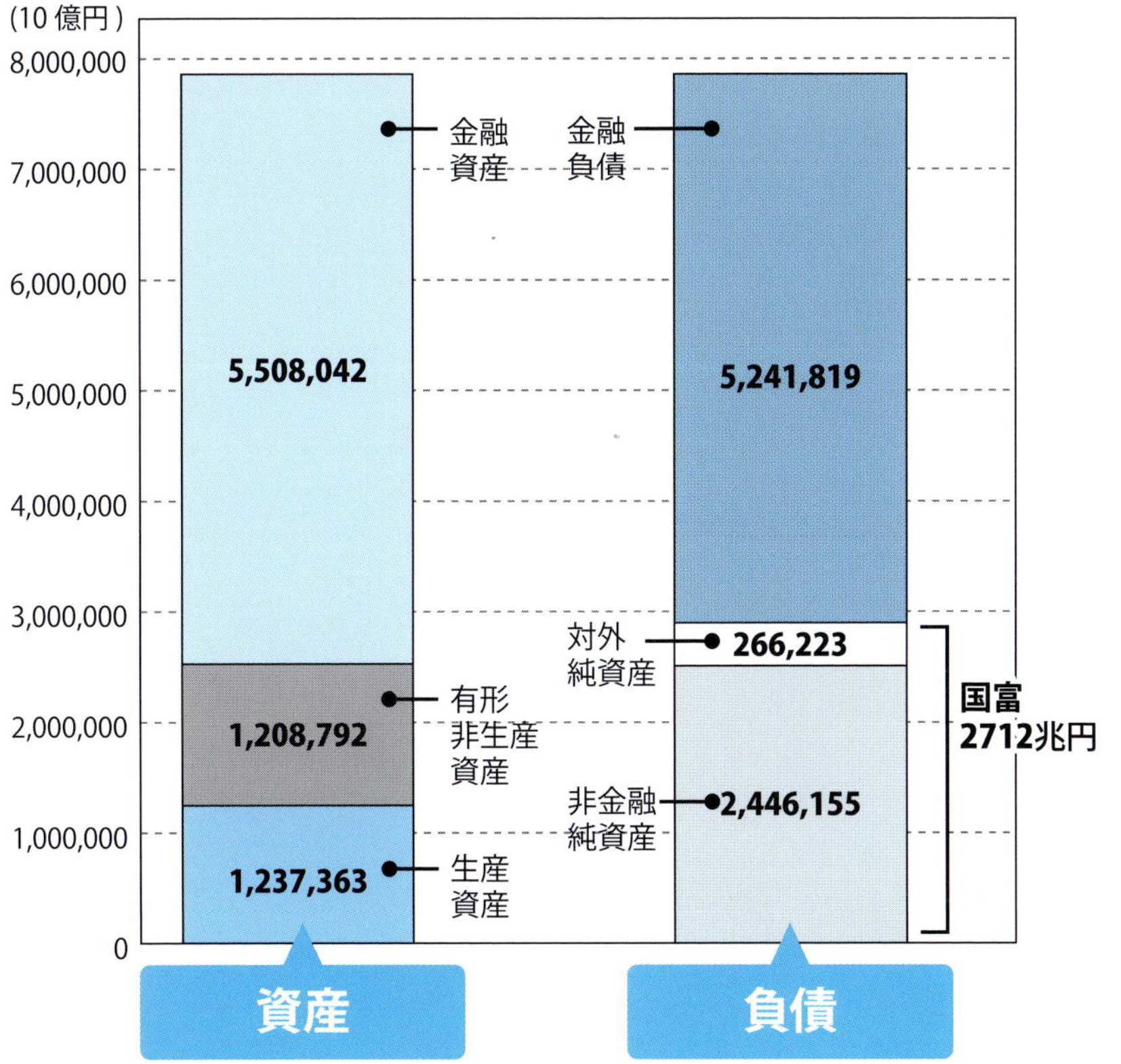

出典：内閣府「国民経済計算」

れてきた財産なのです。

他国にはマネできないほど強大となった日本の供給能力は、この「生産資産」という財産が支えているわけです。

また、「対外純資産」は経常収支の黒字を積み重ねてきたものですから、それも過剰な供給能力の結果であることを思えば、やはり、過去の日本人たちの努力に感謝せずにいられません。

終戦直後、日本の国富は戦前の四〇パーセントにまで激減しました。その後の国民たちは、混乱期の中、懸命《けんめい》に働いて復興を遂げ、焦土《しょうど》と化した国に、ふたたび大きな富を生み出しました。

「人こそ財産」といった表現がよく使われますが、まさにその通りのことが、国富となって現れていると言ってよいでしょう。

世界最強の日本経済。その最大の理由は、私たちが「日本国民」であるということ。その一事に尽きるのではないでしょうか。

編 集 協 力／塩原 晃
装　　　　丁／神長 文夫・伊地知 未来
本文デザイン／HOP BOX
本文イラスト／HOP BOX（坂上 七瀬／福井 信明）
D　　T　　P／HOP BOX

三橋貴明（みつはし・たかあき）

経済評論家、作家、中小企業診断士。
1969年、熊本県生まれ。東京都立大学（現、首都大学東京）経済学部卒業。外資系ＩＴ企業、ＮＥＣ、日本ＩＢＭなどに勤務ののち、2008年、中小企業診断士として独立。2007年、インターネットの公開データの詳細な分析によって韓国経済の脆弱な実態を暴く。これが反響を呼んで『本当はヤバイ！ 韓国経済』（彩図社）として書籍化され、ベストセラーとなる。既存の言論人とは一線を画する形で論壇デビューを果たした異色の経済評論家。著書に『メディアの大罪』（ＰＨＰ研究所）、『2012年大恐慌に沈む世界 甦る日本』（徳間書店）、『経済と国家がわかる国民の教養』（扶桑社）、『アメリカ、中国、そして日本経済はこうなる』『日本の未来、ほんとは明るい！』『中国がなくても、日本経済はまったく心配ない！』（ワック）など多数がある。

[図解]
それでも、
日本経済が世界最強という真実

2012年5月28日　初版発行

著　　者　三橋　貴明
発 行 者　鈴木　隆一
発 行 所　ワック株式会社
東京都千代田区五番町4-5　五番町コスモビル
〒102-0076
電話　03-5226-7622
http://web-wac.co.jp/

印刷製本　図書印刷株式会社

ISBN978-4-89831-185-1

好評既刊

図解 いま聖書を学ぶ
曽野綾子

曽野綾子さんが、分かり易く教えてくれる、聖書とは何かを！

◎イエスはどんな時代に登場したのか◎何が幸いか◎祈りと赦し◎神はどこにいるのか◎愛はすべてを完成させるきずな

本体価格　九三三円

図解 骨博士が教える「老いない体」のつくり方
鄭　雄一

キーワードは、骨と軟骨を強くすることだ！「長寿で健康」の秘密は骨にある！

◎なぜ人間は老いるのか◎老化に伴う骨の病気◎寝たきりにならないためには◎骨はカルシウムの貯蔵庫で血液をつくる

本体価格　九三三円

図解 いつまでも「老いない脳」をつくる10の生活習慣
石浦章一

体を使えば脳は活性化する！好きなことをすれば脳は力を発揮する！

◎ストレスをうまく受け流す◎好奇心をもって新たなことに挑戦する◎本を読む習慣を維持する◎意識的に段取りをする

本体価格　九三三円

図解 戦国10大合戦の大ウソ
森田善明

本書で戦国時代の歴史を書き替えてしまった！

◎桶狭間の戦いは実は信長の用意周到が勝因◎上杉謙信は本当に「義の将」だったのか◎石田光成は関ヶ原の戦いで決戦を望んでいなかった

本体価格　九三三円